GTB

Gütersloher Taschenbücher

444

Ernesto Cardenal
Das poetische Werk
Band 4

Ernesto Cardenal

Das Buch von der Liebe

Mit einem Vorwort von Thomas Merton

Gütersloher Verlagshaus
Gerd Mohn

Originaltitel: Vida en el amor
Aus dem Spanischen übersetzt von Anneliese Schwarzer de Ruiz

Die Deutsche Bibliothek – CIP-Einheitsaufnahme

Cardenal, Ernesto:
Das poetische Werk / Ernesto Cardenal. –
Gütersloh: Gütersloher Verl.-Haus Mohn
NE: Cardenal, Ernesto: [Sammlung <dt.>]
Bd. 4. Das Buch von der Liebe / mit einem Vorw. von Thomas Merton.
[Aus dem Span. übers. von Anneliese Schwarzer de Ruiz].
– 3. Aufl. – 1993
(Gütersloher Taschenbücher; 444)
ISBN 3-579-00444-1
NE: GT

ISBN 3-579-00444-1

3. Auflage 1993
Lizenzausgabe der vollständigen Neuausgabe 1985
mit freundlicher Genehmigung des Peter Hammer Verlages, Wuppertal

Umschlaggestaltung: Dieter Rehder, B-Kelmis,
unter Verwendung eines Fotos von Conrad Contzen, Lünen
Gesamtherstellung: Clausen & Bosse, Leck
Gedruckt auf chlorfrei gebleichtem Werkdruckpapier
Printed in Germany

Inhalt

Vorwort

von Thomas Merton

In einer Zeit der Konflikte, der Angst, der Kriege und der Grausamkeiten wird der Leser überrascht sein, ein Buch zu entdecken, das eine Hymne auf die Liebe ist und in dem es heißt, daß »alle Lebewesen einander lieben«. Wahrscheinlich sind wir alle mehr daran gewöhnt zu erklären, daß es Liebe geben *sollte* (obwohl wir der Meinung sind, daß es gewöhnlich keine gibt). Wir wissen, daß es eine *Verpflichtung* zur Liebe gibt, daß den Menschen befohlen ist, einander zu lieben. Aber man setzt als selbstverständlich voraus, daß es selten getan wird. Daraus schließen wir, daß die Welt voller Not, Kummer und Sorgen ist, weil es zu wenig Liebe gibt, und wir versuchen, die Schuld denjenigen zu geben, die für die Lieblosigkeit der Welt verantwortlich sind, und möchten sie dafür bestrafen.

Auf diese Weise wird Liebe durch eine Theologie oder Ethik der Strafe ersetzt. Liebe erscheint nur noch abstrakt und ideal: die tägliche Realität, in der wir leben müssen, ist nicht mehr Liebe, sondern Gesetz, Gewalt und Strafe. Wir sprechen von Liebe, aber wir leben im Haß: wir hassen im Namen der Liebe. Der Haß wird unser Protest gegen die »Unerreichbarkeit« der Liebe. In solchen Situationen wird es erforderlich zu behaupten, daß Liebe nicht unmöglich ist. Aber Liebe ist nicht irreal. Im Gegenteil, Liebe ist die einzige Realität. Alle Dinge der Welt haben ihren Ursprung in der Liebe, und wenn die Liebe nicht überall erkennbar ist, so deshalb, weil wir die Liebe nicht sehen wollen. Um es noch einmal mit allem Nachdruck zu sagen: Liebe ist die *einzige* Möglichkeit. Alles, was nicht Liebe ist, ist letztlich unmöglich.

Der einfache Sinn dieses Buches ist, unsere Augen zu öffnen für das, was klar erkennbar sein sollte, aber trotzdem unglaubhaft geworden ist: »Alle Lebewesen lieben einander.« (»Das Leben selbst ist nur Liebe.«) Deshalb sagt dieses Buch nicht, die Menschen sollten lieben oder die Tatsache beklagen, daß sie nicht lieben. Und es sagt im einzelnen auch nicht, wie sie für ihre Lieblosigkeit bestraft werden müssen.
Es sagt ganz einfach, daß alle Dinge einander lieben, und außerdem: daß die Menschen einander lieben, ob sie es nun wissen oder nicht. Es bleibt ihnen keine Wahl. Selbst der Atheist liebt Gott – gegen seinen Willen. Wenn also Menschen mit anderen Menschen – oder mit Gott – in Konflikte geraten, dann nicht der fehlenden Liebe wegen, sondern weil sie nicht verstehen und nicht akzeptieren wollen, daß sie lieben müssen.

Die Psychoanalyse hat uns gelehrt, daß Haß, Angst und sogar körperliche Krankheiten den Ursprung oft in jener Liebe haben, die sich weigert, sich selbst zu erkennen, in jener Liebe, die daran erkrankte, daß sie ihre eigene wahre Natur nicht erkannte und den Gegenstand ihrer Liebe aus dem Blick verlor. Die Konflikte in dieser Welt sind keineswegs auf das Nichtvorhandensein der Liebe zurückzuführen, sondern auf Liebe, die nicht wagt, sich selbst zu erkennen, die ihrer eigenen Realität untreu geworden ist. Grausamkeit ist ziellos gewordene Liebe. Haß ist Liebe ohne Erfüllung.
Die klare und vollkommen franziskanische Einfachheit Bruder Cardenals zeigt uns die Welt nicht, wie sie in unseren Ängsten und Befürchtungen erscheint, sondern wie

sie wirklich ist. Denn Liebe ist kein Traum: Liebe ist das Grundgesetz aller Wesen, die frei, sich selbst zu geben, geschaffen wurden, frei zur Teilnahme an der unendlich schaffenden Fülle der Lebensgabe Gottes. Liebe ist der tiefste und innerste Kern der schaffenden Dynamik, die wir Leben nennen. Liebe ist das Leben selbst in seiner Reife und Vollkommenheit.

Die Heiligen waren befähigt, durch die vielen Masken der Menschheit hindurchzusehen, und fanden in der Tat nichts Reales hinter den Masken. Sie entdeckten nur ein Gesicht in den vielen Gesichtern der Menschen: das Gesicht der Liebe (das heißt das Antlitz Christi). Das ist es, was Ernesto Cardenal erkannt und niedergeschrieben hat. Sein Buch ist nur eine erneute Wiederentdeckung, eine neue poetische Intuition dieser zentralen Lebenswirklichkeit. Es ist ein Lobgesang auf das Leben. Deshalb ist es wahr.

Mit voller Überzeugung sagt Bruder Cardenal wieder und wieder, was *ist:* Liebe *ist.* Alles andere ist nicht, denn insoweit, als Dinge teilnehmen am Sein, haben sie teil an der Liebe selbst. Was nicht Liebe ist, existiert nicht. Was immer auch ist, es begründet sein Sein und Handeln in der Liebe.

Lebende und nicht-menschliche Schöpfung wird geführt durch eine Liebe, die sie nicht kennt, zu Zielen, die sie nicht versteht. Das Tier lebt in der Natur, ohne Bewußtsein und ohne die Freiheit, die die Erkenntnis vermittelt. Das Tier lebt unbewußt, ohne Reflexion. Deshalb könnte man sagen, daß das Tier ohne Bewußtsein passiv durch Leben und Liebe »gelebt« wird. Das Tier hat keine andere Wahl, als »gelebt zu werden« durch seine Natur.

Deshalb ist das Tier, wie Rilke in den Duineser Elegien sagt, immer im direkten Kontakt zum Leben. Das Tier stellt kein Bewußtsein zwischen sich und das Leben. Es reflektiert sein Leben nicht, sondern es lebt. Es wird sich seiner selbst nicht als lebend bewußt.

Die Gabe des Bewußtseins war von Gott als ein Segen gedacht, aber sie kann zum Fluch für uns werden, wenn wir nicht dafür sorgen, daß sie zum Segen gerät. Wenn das Bewußtsein nur das reine Bewußtsein der Liebe wäre (wie Rilke es sagt), dann würde unsere Liebe so direkt und spontan wie das Leben selbst sein. So wie das Tier unmittelbar und direkt durch sein natürliches Leben gelebt wird, so würden wir durch übernatürliche, göttliche Liebe gelebt, aktiviert und bewegt werden in der Verborgenheit unseres Bewußtseins. Unser Bewußtsein würde dann nicht länger von der verwirrten und frustrierten Wahrnehmung unserer Begrenztheit beeinträchtigt sein: es würde das reine Bewußtsein der Liebe – das heißt das Bewußtsein Gottes und des Lebens als eine Gabe der Liebe – sein.

Die menschliche Person wird nicht einfach nur durch ihre eigene Natur »gelebt«. Sie ist autonom, ihrer selbst bewußt, sie kann Abstand von ihrer Natur gewinnen und ist (obwohl unfähig, eine andere Natur zu sein) doch fähig, ihre Natur zu akzeptieren oder zurückzuweisen.

Sie ist fähig zur Menschlichkeit, willentlich oder auch gegen ihren Willen. Sie kann ein Kind Gottes sein, entweder mit ihrer vollen Zustimmung oder gegen ihren Willen. Sie kann sich annehmen oder sich selbst verweigern. Sie kann andere Wesen spontan, mit völlig neidloser Offenheit lieben, aber sie kann auch wählen, zurückweisen und verachten, wobei sie dennoch liebt, obgleich sie gegen ihren Willen liebt, ungeachtet ihrer selbst. Die menschliche Person liebt dann unbewußt. Obwohl sie noch liebt, hat sich ihre Liebe gegen sich selbst gewandt. Sie ist verdorben, befleckt und verfälscht, weil sie nicht bewußt und nicht frei ist. Die Liebe, mit der der Mensch in der Tiefe seines Herzens sucht, um sein Herz anderen zu öffnen, wird auf sich selbst zurückgewendet und ist in sich selbst verkapselt. Die Liebe, die andere nähren könnte, verzehrt sich selbst. Die Liebe, die im Geben ihre Erfüllung finden könnte, zerstört sich selbst durch Verweigerung.

Unser Konflikt resultiert aus der Gabe des Bewußtseins, denn unser Bewußtsein wird tätig, indem es auswählt und verweigert. Unsere bewußte Identität wird nur durch das aufgebaut, was wir in uns selbst akzeptabel und tolerabel finden. Um genau zu sein: Unser Bewußtsein wird bestimmt von der Menge und der Art der Liebe, die wir zu tolerieren bereit sind. Die Liebe, die wir nicht tolerieren können, wird in das Unterbewußtsein abgedrängt, und danach wird sie (in unserem bewußten Leben) erfahren als Angst, Mißtrauen, Gier, Begierde, Ehrgeiz, Grausamkeit, Haß, Eitelkeit, Stolz. Gleichzeitig ist unser Bewußtsein der Ort des Konfliktes, denn Liebe versucht sich zu behaupten, und dieses Sichbehaupten empfindet man als unerträglich. Der Liebe nicht den Vorzug gegeben zu haben, sondern der Furcht, dem Haß etc., ist unser Bewußtsein zu rechtfertigen gezwungen, weil statt Leben und Wahrheit jetzt eine Lüge im Mittelpunkt unseres Bewußtseins steht.

Der Mensch hat nicht die Freiheit, nicht zu lieben: doch er ist frei, in einer Art zu lieben, die selbstzerstörerisch oder selbstvervollkommnend ist. Denn Liebe ist die Vollkommenheit der menschlichen Freiheit. Liebe ist die *Wahrheit* der Freiheit. Je freier der Mensch, desto wahrhaftiger seine Liebe. Der wahrhaftige Mensch ist so frei, daß er wählen kann, nichts für sich selbst zu suchen außer der Liebe zum anderen Menschen. Die menschliche Person bestätigt sich selbst auf diesem höchsten und reinsten Weg durch den Einsatz seiner Liebe. Das Wesen des

Menschen ist sich dann selbst vollkommen treu. Aber die Liebe, die etwas (oder alles) für sich selbst sucht, ist dann selbstzerstörerisch, selbstverneinend. Es ist eine sich selbst widersprechende Freiheit. Das Ich, das sich selbst entsagt, um sich selbst zu geben, findet Freiheit im Akt der Entsagung. Das Ich, das sich selbst erhält, indem es sich den anderen verweigert, wird zur bloßen Negation. Es verliert seine Freiheit und Wahrhaftigkeit. Es muß sich durch Betrug, Haß und Lüge verteidigen. Derjenige aber, der sein Leben verteidigt, wird es verlieren, und derjenige, der sein Leben um Christi willen verliert, das heißt um der Liebe willen, wird es erhalten.
Die ganze geschaffene Welt will den Menschen lieben lehren, wenn er die Lehre begreifen will. Das Leben selbst ist Liebe, und wenn es wahrhaftig gelebt wird, lehrt es Liebe. Wenn es dem Menschen nicht möglich ist, die Botschaft der Liebe zu tolerieren, mißbraucht und mißdeutet er die Umwelt und verfälscht die Reinheit und Einfachheit des Lebens, so daß alles verzerrt wird, bitter und absurd. Wenn das Bewußtsein des Menschen verfälscht ist durch die Verweigerung der Liebe, verändert der Mensch als eine Karikatur Gottes die Welt nach seiner eigenen Vorstellung, und es wird eine Welt der Grausamkeit, der Begierde, des Hasses, der Furcht. Wenn der Mensch in die Liebe einwilligt und sich dem Leben in seiner einfachen und primitiven Reinheit – als einer Gabe Gottes – ausliefert, dann wird die ganze Welt voll von Liebe erscheinen. Wie der zisterziensische Mystiker des 12. Jahrhunderts, Isaac von Stella, schrieb: »Diese sichtbare Welt dient ihrem Herrn, dem Menschen, indem sie ihn unterhält und ihn lehrt. Dieser gute Diener, die Welt, ernährt, lehrt und unterhält ihn, vorausgesetzt, er ist kein schlechter Herr. Töricht und unglücklich ist der schlechte Herr, dessen Augen die Grenzen dieser Welt erkennen können,

der aber nur Dunkelheit sieht, der die ganze Welt zwingt, seinem Magen und seinem Körper zu dienen. Er weiß nicht, weshalb die Welt erschaffen wurde. Er denkt, Gott erschuf die Welt für einen kleinen Magen.«

Isaac von Stella kannte sicherlich die Bedeutung und die Wichtigkeit des Essens und die Freuden des Festmahls. Gott selbst gab sich als Nahrung für den Menschen im eucharistischen Festmahl, so daß der Mensch durch die Geschenke der Erde und durch die Früchte seiner Arbeit mit Gott verbunden sein kann. Isaac kannte die Freuden des Trinkens und des Schmausens, aber er sah dies nur als ein Abbild der höheren Freude der Liebe an, in welcher Gott dem Menschen seinen Geist gibt, wie »ein Strom der Freude, die den Menschen berauscht mit der Glut der Barmherzigkeit«. Liebe war für Isaac der göttliche Wein, der uns berauscht und uns aus uns selbst hebt. Gott wünscht von uns, daß wir diesen Wein trinken, aber wir fürchten, ihn anzunehmen. Und doch wiederholt Gott seine Einladungen.

Dieses Buch ist erfüllt von der Einladung zu »trinken« und sich am Festmahl der Liebe zu erfreuen. Oder vielmehr, es zwingt uns, die Augen zu öffnen und unserer Umwelt Aufmerksamkeit zu schenken; es zeigt uns, daß das Festmahl direkt vor uns steht und der Wein in unserer Reichweite, auch wenn wir's nicht wissen.

Diese zugrundeliegenden Prinzipien erklären beides, die kreative Dynamik der Natur und die rekreative, erlösende Dynamik der Gnade.

Aber diese einfachen Prinzipien können nicht allein erfaßt werden in der erleuchtenden Abgeschiedenheit abstrakter Meditation. Zu dieser Überzeugung kam der Schreiber des Buches, nachdem er sich selbst vollkommen der Liebe hingegeben hatte, nachdem er in ein strenges, kontemplatives Kloster eingetreten war, fern seinem Heimatland. Liebe existiert nicht nur in Gedanken oder im Herzen, sie ist mehr als Gedanke und Wunsch. Liebe ist Aktion: Und durch das Tun der Liebe erreichen wir die kontemplative Intuition der liebenden Weisheit. Diese kontemplative Erkenntnis ist eine höhere Form der Tat, eine reinere Liebe. Liebe löst den scheinbaren Widerspruch zwischen Handeln und Denken.

Um zum reifsten Tun der Liebe zu gelangen, müssen wir zuvor Widerspruch und Konflikt erfahren. Liebe ist der Gipfel der Freiheit und des persönlichen Bewußtseins. Liebe entdeckt sich selbst nur in der Tat. Liebe, die unbewußt handelt, ungeachtet ihrer selbst, gegen ihre eigene wahre Natur, erreicht nicht das volle Bewußtsein ihrer selbst. Sie bleibt sich selbst verborgen. Auch gelingt es ihr nicht, wie vollkommene Liebe zu handeln. Sie wird als etwas anderes als Liebe angesehen. Sie handelt nur annähernd wie wahre Liebe. Sie widerspricht sich selbst. Sie beherrscht das Herz mit einer entfremdeten und unterdrückten Leidenschaft. Sie schmeckt nach Bitterkeit, Angst, Zwang, Gewalt und sogar nach Tod. Alle Liebe, die nicht ein völlig freies und spontanes Geschenk ihrer selbst ist, hat den Geschmack des Todes. Das bedeutet, daß alle Liebe von normalen Menschen, die keine Heiligen und keine Mystiker sind, voller Widerspruch, Konflikt und Bitterkeit ist, sie schmeckt nach Tod.

Was sollen wir über solche Liebe sagen? Daß sie nicht da sein sollte? Daß sie Sünde ist? Daß sie verboten, bestraft, verdammt werden muß? Leider ist es wahr, daß unsere armselige Liebe nach Sünde schmeckt. Aber Ernesto Cardenal sagt davon einfach nur, daß es *Liebe* ist, daß sie noch nicht frei genug und noch nicht reine Liebe ist. Und wir könnten hinzufügen, daß wir im Konflikt und im Selbstwiderspruch einer unwahren Liebe unseren Weg zu der wahren Liebe lernen können. *Indem man mit vollem*

Bewußtsein eine unvollkommene Liebe akzeptiert, erwächst sie zur Vollkommenheit.

Der erste Schritt zur Wahrheit und Reinheit der Liebe ist die Selbsterkenntnis unserer unreinen Liebe, die aber nichtsdestoweniger Liebe ist und durch ihre ureigene Natur versucht, rein zu werden. Moralisten reden manchmal, als ob es nur Gerechtigkeit, Rechtschaffenheit, Redlichkeit, Wahrheit und Liebe geben sollte. Daß es keine Selbstsucht, keine Bosheit, keine Ungerechtigkeit geben sollte. Daß die Selbstsucht verboten und die Liebe befohlen werden sollte.

Für den Moralisten ist das menschliche Leben ein kompliziertes System von Tugenden und Untugenden, und unter allen diesen gibt es die Liebe, die nur *eine* der Tugenden ist. Doch für den Mystiker gibt es kein kompliziertes System, die Liebe ist alles. Alle Tugenden sind Aspekte der Liebe, aber auch die Untugenden sind Aspekte der Liebe. Die Tugenden sind Manifestationen einer gesunden, lebendigen Liebe. Die Untugenden sind Symptome einer Liebe, die erkrankt ist, weil sie sich weigert, sie selbst zu sein.

In Wirklichkeit gibt es nur Liebe. Aber diese Liebe kann in Widerspruch zu sich selbst stehen. Sie kann gleichzeitig Liebe und Haß sein. Liebe und Gier, Liebe und Furcht, Liebe und Eifersucht, Liebe und Lust. Ihre Bestimmung ist einfach Liebe – ohne irgend etwas Widersprüchliches. Aber sie kann dieser Bestimmung nicht nachkommen, wenn wir den Haß, die Gier, die Furcht, die Eifersucht und die Lust nur zu unterdrücken versuchen. Diese bösen Kräfte leiten ihre Macht von der Liebe ab. Sie unterdrücken heißt, die Liebe unterdrücken. Sie müssen sich selbst erkennen als Liebe, und wenn sie das tun, werden sie ihre Energie nicht länger von der Liebe herleiten im Dienste dessen, was nicht Liebe ist.

Das heißt also, daß die Wurzel des Bösen und des moralisch Kranken eine fundamentale Unwissenheit ist, wodurch die Liebe sich selbst nicht erkennt und blind ist für ihr eigenes wahres Sein und ihre Kraft. Sobald die Liebe beginnt, sich selbst zu erkennen, sieht sie sich als eine Negation ihrer selbst. Sie wird erschreckt durch die Wunden und die Spaltung im Inneren. Dieser Anblick ist der Grund großer Angst. Deshalb zieht schwache Liebe vor, sich selbst unbewußt zu bleiben oder sich selbst als etwas anderes als Liebe zu begreifen. Sobald sie sich selbst bewußt wird, wird sie sich ihrer Widersprüchlichkeit bewußt. Das ist das Zentralproblem aller menschlichen Liebe. Wie rein auch immer die Liebe sein mag, solange wir nur schwache menschliche Wesen sind, die auf Erden und in der Zeit leben, ist unsere Liebe zerrissen durch Selbstwiderspruch. Sie verweigert und verneint sich selbst. Nur Gottes Liebe ist völlig rein. Die menschliche Liebe kann sich nur in der Mystik göttlicher Reinheit annähern oder in dem Heiligen, der von der Liebe Gottes vollkommen besessen ist. Alle anderen (einschließlich derjenigen, die eines Tages Mystiker sein werden, aber es noch nicht sind) müssen in der Angst des Widerspruchs verbleiben oder sich mit einer Liebe begnügen, die sich ihrer selbst nicht bewußt ist.

Daraus resultieren die Versuchungen des Solipsismus und des Narzißmus: Liebe erkennt sich selbst nur als eine Abstraktion oder als ein Traum, als eine ideale Projektion, die ohne Widerspruch ist, weil die Wirklichkeit selbst dabei fehlt.

In dieser verfälschten und lügenhaften Form scheint die Liebe akzeptabel zu sein. Sie ist nur ein Gefühl, keine Tat. Sie bleibt eingeschlossen im Selbst. Sie erlebt die »Freude« der Liebe ohne das Tun des Lebens. Das besagt, sie liebt nur ihr eigenes Abbild und löst den Wider-

spruch und das Leiden der Liebe in reines Fühlen und in Selbstbetrachtung auf.
Eine andere Form der Flucht vor dem Widerspruch, in der Liebe akzeptabel und unreal wird, ist eine rein abstrakte und gedankliche Logik – ein System, das in politischen und humanistischen Terminologien erklärt, was gut und was böse ist, was falsch ist, und was getan werden sollte – und schließlich entbunden ist von jedwedem Tun der Liebe. Handlungen der Gewalt und der Macht können im Namen der »Humanität« und der »Freiheit« durchgeführt werden – und kein Widerspruch wird wahrgenommen. Liebe geht völlig im System auf. Die Logik beseitigt den Widerspruch. Mit gutem Gewissen kann man hassen und zerstören.
Der Grundwiderspruch, dem die Liebe sich stellen muß, ist der Widerspruch zwischen Leben und Tod. Unechter religiöser Idealismus ist manchmal versucht sich vorzustellen, daß er das Leben wählen kann ohne den Tod. Aber in der Tat, das Leben zu wählen, bedeutet auch, den Tod zu wählen, weil das Leben, das wir als Menschen in der Zeit leben, mit dem Tod abschließt.
Irgendeine andere Form des Lebens zu »akzeptieren«, in der der Tod nicht berücksichtigt werden muß, bedeutet, eine Irrealität gelten zu lassen. Irdisches Leben ohne Tod ist reine Träumerei. Selbst die Annahme eines »ewigen Lebens« bedeutet für den Christen die vorherige Annahme eines nicht-ewigen Lebens, das im Tode endet. Am Tod kann man nicht vorbeigehen. Er ist ein Teil des Lebens, und in der Tat gibt er dem Leben einen Sinn, weil er ein Grundwiderspruch ist, der für das Verständnis des menschlichen Lebens wesentlich ist. Warum sollte Christus am Kreuz gestorben sein, wenn der Tod keine Bedeutung hätte? Sein Tod setzt voraus, daß jeglicher Tod tragisch ist. Seine Liebe gab jeglichem Tod die Dimension

der Hoffnung und des Sieges. Christi Geschenk an die Liebenden ist das Kreuz, das die Liebe rein macht.

Unser Leben lieben, wie es wirklich ist, bedeutet, es zu akzeptieren, wie es wirklich ist: den Tod eingeschlossen, nicht nur die *Idee* des Todes.

Unter einem bestimmten Gesichtspunkt ist jedes Opfer unserer eigenen Interessen und Freuden um eines anderen willen oder einfach um der »Liebe« willen eine Art des Todes. Aber es ist im gleichen Moment auch eine Tat des Lebens, eine Bejahung der Wahrheit des Lebens. Wann immer Liebe einen partiellen »Tod« akzeptiert, bejaht sie sich selbst als Leben, sie überwindet den Tod und geht über den inneren Widerspruch des Lebens in uns hinaus. Daher fordert Liebe diesen Widerspruch, um in unserem Leben zu wirken.

Wenn wir fähig sind, diesen Widerspruch in uns selbst zu akzeptieren, werden wir auch fähig werden, es bei anderen zu tun. Wahre Liebe zu anderen schließt Uneinigkeit ein. Diejenigen, die an Liebe ohne Uneinigkeit glauben, glauben nicht wirklich an das Tun der Liebe. Sie glauben an die Liebe nur als *Idee*. Wenn wir andere lieben, selbst wenn sie uns nicht lieben, machen wir sie fähig, uns zu lieben. Im Konflikt findet die Liebe der Menschen die schöpferische Kraft zu wachsen und Frieden zu schließen. Alle Konflikte von Anbeginn unterdrücken und dann zu lieben vorgeben, ist bloße Einbildung. Konflikt wird zur Liebe, weil der Konflikt schon potentiell Liebe ist. Konflikt ist falschgelaufene Liebe. Um richtig lieben zu können, müssen wir die Liebe in ihrer falschen Form betrachten, so wie sie ist, und dann von dort aus neu beginnen.

Die metaphysische Struktur der Liebe ist deshalb in einer bestimmten Art dialektisch. Liebe fordert den Konflikt, gedeiht im Konflikt und ist am reinsten, wenn sie aus reinem Konflikt geboren ist. Wenn Liebe ihre authentische Reinheit im Feuer des Konfliktes erreicht hat, beseitigt sie den Konflikt, so daß es keinen weiteren Widerspruch zu geben scheint. Deshalb kann mitten im Konflikt die Liebe mit völliger Sicherheit behaupten: alle Dinge lieben einander; alles ist Liebe. Und das ist nicht nur eine Idee: es ist die Frucht einer *Tat*. Ohne die Tat hat die Idee keinen Sinn.

Liebe ist deshalb Handlung und intuitive Erkenntnis. Darüber hinaus ist sie etwas *Vorhandenes*. Es ist ein Tun, das kraft der im Opfer gewonnenen Freiheit jenen Widerspruch zwischen Tod und Leben transzendiert, der in unserem Sein verankert ist. Liebe ist ein Tun des Sich-Auslieferns und ein intuitives Erkennen der Bedeutung dieses Tuns: ein intuitives Erkennen der reinen Freiheit, die über Leben und Tod hinausreicht, eine Freiheit, die nur erlangt wird durch völlige Hingabe inmitten von Widerspruch.

Liebe vervollkommnet sich in der Dialektik von Tun und intuitiver Erkenntnis, die ihren Höhepunkt findet in der geheimnisvollen Gegenwart eines Unsichtbaren, der die *Liebe ist* – und dann stellen wir fest, daß beides, das Tun und die intuitive Erkenntnis, ausgeht von seiner Gegenwart. Er ist derjenige, der in uns liebt. Wenn der Liebe Tun, geboren in der Hitze des inneren Konfliktes, den inneren Widerspruch, der ihn erzeugt, transzendiert und die Ebene des Sich-Auslieferns und des reinen Opfers erreicht, dann sieht die intuitive Erkenntnis der Liebe die Bedeutung von Konflikt und Widerspruch und versteht, daß die wahre Natur der Liebe das Vorhandensein dieses Widerspruchs erfordert. Denn es liegt im Widerspruch, im Konflikt, im Opfer, sogar im offensichtlichen Versagen, daß Liebe sich vervollkommnet. Die intuitive Erkenntnis der Liebe führt zu dem, was das Neue Testament die »Erkenntnis des Kreuzes« nennt, die »Erkenntnis des gekreuzigten Christus«. Aber Liebe kennt auch die »neue Schöpfung«, das »Reich Gottes«, die Welt, die von Christus erlöst worden ist. Im Tun erkennt sie Christus und ruht in seiner Gegenwart. Dort erscheint der Konflikt als nicht existent, weil die Bedeutung des Konfliktes absorbiert worden ist von seiner siegreichen Liebe. Dann gibt es dort keinen Konflikt mehr, nur noch Liebe. Aber in Wirklichkeit ist nur die Liebe Gottes (entweder explicit oder implicit in irgendeiner Tat heroischen Opfers) machtvoll genug, den Widerspruch Leben – Tod zu überschreiten. Alle andere Liebe macht plötzlich halt beim »Leben« und verharrt ängstlich in der Gegenwart des Todes. Gott lieben bedeutet: den lieben, der größer ist als Leben und Tod und deshalb beides ist, unendliches Leben und unendliche Liebe. Um wirklich Gottes Liebe zu erfahren, muß man – wie die Mystiker uns erzählen – von ihr »erschlagen« werden. Erst dann weiß man, daß, wenn man aus Liebe stirbt, man allein durch sie lebt, so daß Leben und Tod nicht länger im Widerspruch stehen. Aus solchen Taten und intuitiven Erkenntnissen, Toden und Gegenwärtigkeiten werden Meditationen geboren, die wagen können zu sagen: »es gibt nichts als Liebe. Alles, was anders als Liebe erscheint, ungeachtet dessen, wie sehr es der Liebe zu widersprechen scheint, bedeutet letztlich dennoch Liebe. Doch um das zu sehen, muß man lieben. Man muß gänzlich, vollkommen lieben im kompromißlosen Annehmen von Konflikt und Widerspruch. Man muß den Tod der Liebe akzeptieren, um das Leben der Liebe zu leben. Erst wenn man dies wirklich annimmt, kann man sehen, daß der Konflikt verschwunden ist, und daß es in Wirklichkeit keinen Widerspruch gibt, weil es nur Liebe gibt.«

Der Novizenmeister ist (jedenfalls meiner Meinung nach) zu allererst ein Mann, der seine eigenen Angelegenheiten bedenkt. Ein Kloster ist eine *schola caritatis* – eine Schule der Barmherzigkeit –, aber Liebe wird nicht von Menschen gelehrt, sondern durch den Geist der Liebe. Die Funktion des menschlichen Meisters ist, dem Novizen zu helfen, auf die authentische Stimme des Geistes zu hören und sich nicht täuschen zu lassen durch nachgemachte und verfälschte Formen der Liebe, wie geistlich auch immer sie erscheinen mögen. Daher ist das Kloster auf ideale Weise eine Schule der Freiheit, in der der Mönch in unwesentlichen Dingen des Lebens gehorcht, um frei zu sein für das Wesentliche, um frei zu sein für die Liebe. Die Liebe zu Gott ist jedes Menschen eigene Angelegenheit. Während der zehn Jahre, in denen ich Novizenmeister in Gethsemani in Kentucky war, habe ich niemals nachgeforscht, was die Novizen in ihre kleinen Notizbücher geschrieben hatten, die sie in ihren privaten Schreibtischen aufbewahrten. Wenn sie über ihre Eintragungen zu sprechen wünschten, so konnten sie es tun.

Ernesto Cardenal war zwei Jahre lang Novize in Gethsemani, und ich wußte von seinem Notizbuch und seinen Gedichten. Er sprach von seinen Ideen und seinen Meditationen. Ich kannte seine Einfachheit, seine Treue zu seiner Berufung, seine Treue zur Liebe. Aber ich wußte nicht, daß ich eines Tages ein Vorwort zu diesen einfachen Meditationen verfassen sollte, die er in jenen Tagen schrieb, oder daß ich sie, als ich sie schließlich (fast zehn Jahre später) las, so klar und tiefgründig, so vollkommen reif finden würde. Hier ist mehr als eine systematische Doktrin: hier ist eine intuitive Erkenntnis der tiefsten Wahrheit des christlichen Lebens: der Christ ist verbunden mit Gott in Christus durch die Liebe.

Dieses Buch ist völlig traditionell – es klingt manchmal

wie der Heilige Augustin oder wie die »bräutlichen« Mystiker des Rheinlandes – und doch klingt es völlig modern, denn es kommt der Sicht des Teilhard de Chardin durchaus nahe. Es ist völlig aufrichtig und einfach geschrieben, und das ist eines der wichtigsten Merkmale für die Glaubwürdigkeit jeder geistlichen Lehre.

Ernesto Cardenal verließ Gethsemani, weil sein Gesundheitszustand und seine Konstitution der besonderen Lage und dem Klima von Gethsemani nicht entsprachen. Aber ich erkenne auch, daß es noch einen anderen Grund gab: es bestand keine Veranlassung für sein weiteres Verbleiben als Novize und Student, weil er tatsächlich schon ein Meister war. Er ist jetzt in sein Amt eingeführt worden und fängt an, selbst eine kontemplative Gemeinschaft im Zeichen der Weisheit, der Demut und der Liebe zu begründen. Und diese Gemeinschaft ist genau dort, wo sie gebraucht wird, in Zentralamerika, wo kontemplatives Leben für religiöse Menschen noch unbekannt ist. Bruder Cardenals Buch, sein Lobgesang auf Leben und Liebe, ist ein Zeugnis für die Erneuerung der Lebenskraft und der Kirche Lateinamerikas. Es kennzeichnet, wie wir hoffen, einen Neubeginn, in dem diese Länder der Zukunft nicht nur ihre weltliche Freiheit und ihren Wohlstand aufbauen – sondern auch das Loblied der Liebe und des Lebens singen werden, in dem sie die großartigen Möglichkeiten verwirklichen, die noch unerkannt in ihrem vulkanischen Boden ruhen.

(Aus dem Amerikanischen von Ingeborg Esser)

Gottes Universum

Alle Dinge lieben sich. Die ganze Natur drängt zu einem *Du*. Alle Lebewesen stehen untereinander in Verbindung. Eine geheimnisvolle Macht verbrüdert alle Pflanzen und Tiere und Dinge: Es gibt Insekten, die Blumen, und Blumen, die Insekten nachahmen; Tiere, die Wasser oder Felsen, den Sand in der Wüste oder den Schnee oder die Wälder oder andere Tiere imitieren. Und alle Lebewesen lieben sich oder fressen sich gegenseitig auf. Alle sind untereinander verbunden in diesem umfassenden Prozeß des Werdens und Wachsens, der Fortpflanzung und des Todes. In der Natur ist alles Mutation und Transformation, alles ist Umarmung, Liebkosung und Kuß. Und genauso wie die Gesetze, die alle Lebewesen regieren, sind die Gesetze, denen die unbeseelte Natur folgt (die auch lebt, aber mit einem Leben, das für uns nicht wahrnehmbar ist), ein und dasselbe Gesetz der Liebe. Alle physikalischen Phänomene sind ein einziges Phänomen der Liebe. Die Verdichtung einer Schneeflocke wie die Explosion einer Nova, der Käfer, der seine Mistkugel umarmt, wie der Liebhaber in Umarmung mit seiner Geliebten: alles in der Natur ist ein Überschreitenwollen der eigenen Grenzen, ein Sprengen der Schranken der eigenen Individualität, Suche nach einem Du, dem man sich hingeben, in das man sich verwandeln kann. Die Gesetze der Thermodynamik und der Elektrodynamik und der Ausbreitung des Lichts und der Universalschwerkraft sind alle nichts als ein und dasselbe Gesetz der Liebe. Alles in der Natur ist unvollständig, und alles ist Hingabe und Umarmung.

Alle Wesen sind im Innersten Ihres Seins und im tiefsten

Geheimnis ihrer Existenz dies: Hunger und Durst nach Liebe.
Alle Dinge stehen in Beziehung zueinander, die einen verstehen sich durch die anderen und diese durch wieder andere, so daß das ganze Universum ein einziges vielumfassendes Ding ist.
Die ganze Natur berührt und verflicht sich mit sich selbst. Die ganze Natur umarmt sich. Der Wind, der mich streichelt, und die Sonne, die mich küßt, die Luft, die ich atme, und der ferne Stern, den ich betrachte: alle stehen wir in Berührung. Das, was wir die leeren interstellaren Räume nennen, besteht in Wirklichkeit aus der gleichen Materie, aus der auch die Sterne sind, denn die Sterne sind nichts anderes als eine stärkere Konzentration dieser interstellaren Masse. Das ganze Universum ist wie ein einziger unermeßlicher Stern, und wir alle nehmen teil an diesem Universum in einem gleichen Rhythmus, dem Rhythmus der Universalschwerkraft, der die Moleküle zusammenfügt, der die Materie an bestimmten Orten zusammenballt und der macht, daß die Sterne Sterne sind. Und das ist der Rhythmus der Liebe. Alle stehen wir in Verbindung, und alle sind wir unvollständig. Die noch unvollständige Natur drängt es immer zur höchsten Perfektion; dieser unbewußte Drang ist die Evolution. Das vollkommenste, was die Natur bis jetzt hervorgebracht hat, ist der Mensch. Doch der Mensch ist gleichfalls unvollständig und unfertig, und auch ihn drängt es zur höchsten Perfektion: es drängt ihn zu Gott. Wenn aber der Mensch Gott liebt, liebt er ihn mit der Seelenangst der ganzen Kreatur, mit der unermeßlichen, jahrtausendealten Sehnsucht des gesamten Evolutionsprozesses. Alles Geschaffene schreit mit uns in den Schmerzen der Geburt, wie Paulus sagt, und das sind die Schmerzen dieses ungeheuren Evolutionsprozesses.

Wenn die Mönche im Chor singen, singen sie im Namen der ganzen Schöpfung, weil alles in der Natur, vom Elektron bis zum Menschen, ein einziger Psalm ist. Und wir können nicht eher ruhen, als bis wir Gott gefunden haben. Nur dann schwindet in unseren Herzen die große kosmische Angst. Diese unermeßliche Liebe, die das kleine Herz des Menschen mit der ganzen Wucht der Universalschwerkraft zusammendrückt, wird erst gestillt, wenn wir dieses Du finden, zu dem es alle Wesen drängt.
Alle Dinge sprechen von Gott, weil alle Dinge nach Gott seufzen: der Sternenhimmel wie die Grille, die unendlichen Milchstraßen wie das gestreifte Eichhörnchen, das mit allem spielt und alles fürchtet und sich vor allem versteckt. (Und alles, was es tut, ist eine unbewußte Bewegung hin zu Gott.)
Zu Ihm bewegen sich alle Sterne, und die Ausdehnung des Universums führt hin zu Ihm. Zu Ihm, von dem alle Sterne ausgingen und der das erste ursprüngliche Gas erschuf. Das ganze Universum findet einzig Ruhe in Ihm.

Der Durst

Der Präriewolf, der einsam heult in der Nacht, heult nach Dir. Und nach Dir schreit die Eule, wenn sie schreit in der Nacht. Nach Dir gurrt sanft die Taube und weiß es nicht, und wenn das junge Kälbchen seine Mutter ruft, ruft es Dich. Dich ruft der Löwe, wenn er brüllt, und alles Quaken der Frösche gilt Dir. Die ganze Schöpfung ruft Dich in allen Arten von Sprachen. Sie ruft Dich auch mit der Sprache der Liebenden und der Dichter und mit den Gebeten der Mönche.

In den Augen aller Menschen wohnt eine unstillbare Sehnsucht. In den Pupillen der Menschen aller Rassen, in den Blicken der Kinder und Greise, der Mütter und liebenden Frauen, in den Augen des Polizisten und des Angestellten, des Abenteurers und des Mörders, des Revolutionärs und des Diktators und in denen des Heiligen: In allen wohnt der gleiche Funke unstillbaren Verlangens, das gleiche heimliche Feuer, der gleiche tiefe Abgrund, der gleiche unendliche Durst nach Glück und Freude und Besitz ohne Ende. Dieser Durst, den alle Wesen spüren und von dem auch im Gleichnis von der Samariterin am Brunnen gesprochen wird, ist die Liebe zu Gott.

Um dieser Liebe willen werden alle Verbrechen begangen und alle Kriege gekämpft, ihretwegen lieben und hassen sich die Menschen. Um dieser Liebe willen werden Berge bestiegen und die Tiefen der Meere erforscht, für sie wird geherrscht und intrigiert, gebaut und geschrieben, gesungen, geweint und geliebt. Alles menschliche Tun, sogar die Sünde, ist eine Suche nach Gott, nur sucht man Ihn dort, wo er am wenigsten zu finden ist.

Darum sagt der Kirchenvater Augustinus: »Suche was du

suchst, aber nicht dort, wo du es suchst.« Überall suchen wir Gott, auf Festen und Orgien und Reisen, in Kinos und Bars, und doch finden wir Ihn einzig und allein in uns selbst.

In jedem Innern leuchtet die gleiche Flamme, brennt der gleiche Durst. »Wie der Hirsch nach frischem Wasser, so schreit meine Seele nach Dir, o Herr«, sagt der Psalm. Jedes Herz ist von diesem Pfeil durchdrungen.

Der unstillbare Hunger der Diktatoren nach Macht und Geld und Besitz ist in Wirklichkeit Liebe zu Gott. Der Liebende, der Forscher, der Geschäftsmann, der Agitator, der Künstler und der kontemplative Mönch, alle suchen sie dasselbe, nämlich Gott und nichts als Gott.

Die Gesichter der ganz jungen Mädchen tragen einen Abglanz Gottes, darum sind sie so faszinierend für uns, weil wir geschaffen wurden für das ewige Leben.

Gott ist die Heimat aller Menschen. Er ist unsere einzige Sehnsucht. Gott ist im Innersten aller Kreatur verborgen und ruft uns. Das ist die geheimnisvolle Ausstrahlung, die von allen Wesen ausgeht. Wir hören seinen Ruf in der Tiefe unseres Wesens wie die Lerche, die in der Frühe von ihrer Gefährtin geweckt wird, oder wie Julia, die Romeo unter ihrem Balkon pfeifen hört.

Initialen

Die Abende und die Nächte sind ruhig und einsam, weil Gott sie für die Kontemplation geschaffen hat. Die Wälder und die Wüsten, der Sternenhimmel und die Berge sind geschaffen, damit wir uns in sie versenken.

Die Elstern und die Chocoyos erzählen uns von Gott, und es ist Gott, der ihnen die Sprache gegeben hat. Alle Tiere, die im Morgengrauen ihre Stimme erheben, singen Gott. Die Vulkane und die Wolken und die Bäume schreien uns von Gott. Die ganze Schöpfung schreit uns durchdringend, mit einem großen Schrei, von der Existenz und der Schönheit und der Liebe Gottes. Die Musik dröhnt es uns in die Ohren, und die Landschaft ruft es uns in die Augen.

»An jeder Straßenecke finde ich Briefe Gottes«, sagt Whitman und: »Das grüne Gras ist ein duftendes Taschentuch Gottes mit Seinen Initialen, das Er fallengelassen hat, um uns an Ihn zu erinnern.« So verstehen die Heiligen die Natur, so verstand sie Adam im Paradies. (Und auch die Dichter und Künstler verstehen sie in gewisser Weise und unter gewissen Umständen wie Adam und die Heiligen sie verstanden haben.)

In der ganzen Natur finden wir die Initialen Gottes, und alle erschaffenen Wesen sind Liebesbriefe Gottes an uns. Die ganze Natur steht in Flammen der Liebe, geschaffen durch die Liebe, um die Liebe in uns zu entzünden. Und es gibt keinen anderen Grund für die Existenz aller Wesen; sie haben keinen anderen Sinn und können uns keine andere Befriedigung gewähren als dies: in uns die Liebe Gottes zu entzünden. Die Natur ist wie ein Schatten Gottes, ein Widerschein und Abglanz Seiner Schönheit. Der stille blaue See ist ein Widerschein Gottes. Seine Fingerabdrücke finden sich auf jedem Partikel der Materie. In jedem Atom wohnt ein Bild der Dreifaltigkeit, eine Figur des dreieinigen Gottes. (Und darum macht uns Deine Natur verrückt, o mein Gott!)

Und auch mein eigener Körper ist erschaffen für die Liebe zu Gott. Jede einzelne meiner Zellen ist ein Hymnus auf den Schöpfer und eine immerwährende Liebeserklärung.

Wie der Eisvogel erschaffen wurde zum Fischefangen und der Schmetterling zum Nektarsaugen, so ist der Mensch zur Kontemplation bestimmt und zur Liebe zu Gott.

Gott ist überall, nicht nur in unserem Inneren. Er ist aber auch in unserer Seele, und wenn wir uns Seiner Gegenwart bewußt werden, wollen wir sie auch auskosten. Dann ziehen wir uns zurück in die Einsamkeit und in die Stille. Wir wollen nicht, daß sich irgendeine andere Kreatur in unserer Seele widerspiegelt, wir wollen nur den Widerschein Gottes auf uns.

Gott widerspiegelt sich in der Einsamkeit und im Frieden wie der Himmel im ruhigen See. Und es genügt, daß sich die Seele beruhige und reinige, damit sich auf ihrer Oberfläche das Antlitz Gottes widerspiegele.

Wir sind nur Spiegel Gottes, geschaffen, um Gott in uns aufzunehmen. Das Wasser kann noch trübe sein, aber auch so widerspiegelt es den Himmel.

Gottes Ebenbild

Die ganze Natur ist voller Stimmen, alles in ihr ist Gesang, Musik und Tönen. Alle Wesen flüstern oder seufzen, gurren, trillern, pfeifen, brüllen, jaulen, ächzen, wimmern, schreien, weinen oder klagen. Der Gesang der Grillen und Zikaden, das Quaken der Frösche, der Pfiff, mit dem sich die gestreiften Eichhörnchen rufen, alle Stimmen der Natur sind Gebet. Auch die menschliche Stimme ist ein Gebet. Aus diesem Grunde ziehen sich die kontemplativen Mönche ins Schweigen zurück. Sie haben ihre Stimme einzig dem Chorgesang geweiht, weil sie verstanden haben, daß ihre Stimme Gebet ist.

Und die Natur ist auch voller Symbole, die zu uns von Gott sprechen. Die ganze Schöpfung ist die Schönschrift Gottes, und in Seiner Schrift gibt es nicht ein sinnloses Zeichen. Der Schriftzug der Meteore am Himmel und die Spur der Kriechtiere im Sand, der Flug der Zugvögel in den Herbstnächten und der Weg der Sonne durch die Wendekreise, die Jahresringe im Stamm einer Zeder und die Schlangenlinien der Flüsse in einer Luftaufnahme, alles sind Zeichen, die uns Botschaften übermitteln. Wir müssen nur verstehen, sie zu lesen.

Es gibt Menschen, die sich an diesen Zeichen bis zur Ekstase erfreuen können, ohne sie doch eigentlich zu entziffern, ohne zu verstehen, daß die Natur ja eigens als Botschaft für sie geschrieben und aufgezeichnet ist. Diese Menschen gleichen einem Bauernmädchen, das sich an der Schrift eines alten Manuskriptes erfreut, das ihm irgendwie in die Hände geraten ist, ohne aber zu wissen, daß es sich um einen Liebesbrief des Königs handelt.

Und wir selbst sind ebenfalls Zeichen Gottes. In jedem

einzelnen von uns ist diese göttliche Schrift eingegraben, unser ganzes Sein ist eine Mitteilung und Botschaft Gottes. Wir sind hineingestellt in diese Schöpfung, die ganz Mitteilung ist, als die reinsten und schönsten Worte Gottes. Wir sind Gottes Ebenbild.

Der Mensch stellt sich seine Götter menschenähnlich vor, weil Gott den Menschen tatsächlich nach Seinem Bilde geschaffen hat.

Die menschliche Liebe hat nur darum einen Sinn, weil das Antlitz des Menschen eine Nachbildung des Antlitzes Gottes ist. Wir lieben Gott im Antlitz unseres Nächsten. Aber jedes menschliche Antlitz ist wie verschleiert; es ist der Schleier dessen, den wir nicht wirklich schauen können ohne zu sterben.

Wir sind geschaffen für einen Gott in der Mehrzahl, für einen Gott, der im Plural sprach, als er den Menschen erschuf: »Laßt uns ein Bildnis machen nach Unserem Ebenbild.« Und es ist das Ebenbild dieser Mehrzahl, der Dreieinigkeit Gottes, das in jedem Menschen wohnt. Es ist ein Ebenbild der Liebe, weil Gott die Liebe ist (die gegenseitige Liebe) und weil wir als Ebenbild eines mitteilsamen Gottes geschaffen wurden.

Nicht nur dem Menschen, sondern allen schönen Dingen ist dieses göttliche Antlitz aufgedruckt. Sogar die Tiere sind das Ebenbild Gottes, weil sie ein Ebenbild des Menschen sind. (Und darum liebt der Mensch auch die Tiere.)

Johannes von Climaco erzählt von einem Mann, der beim Anblick einer schönen Frau nicht in Liebe zu dieser Frau, sondern in Liebe zu Gott entflammte und Tränen der Freude vergoß.

Dieser Widerschein Gottes auf jedem von uns ist das Antlitz Christi. Darum war es dem jüdischen Volk verboten, Bildnisse Gottes zu haben, weil der Mensch (Christus) dieses Bildnis Gottes ist.

Das Antlitz Gottes in uns wurde ausgelöscht durch die Sünde (die Teufel sind Wesen, von denen jeder Widerschein Gottes weggenommen ist) und wieder eingeprägt durch Christus. Mit Christus sind wir von neuem das Bildnis und das Wort Gottes, weil Er auch das Wort und das Bild Gottes ist. »Wer mich sieht, sieht den Vater.«
Gott ist im Innersten alles Seins, und Er ist auch in uns. Um Ihn zu finden, brauchen wir nicht weit zu laufen und auch nicht aus uns selbst herauszugehen. Es genügt, uns selbst zu finden. Wir müssen auf den Grund unseres eigenen Ichs steigen, um unsere wirkliche Identität zu finden, die Gott ist.
Nun fällt es dem modernen Menschen schon schwer, allein zu sein; auf den Grund seines eigenen Ichs zu steigen, ist fast unmöglich für ihn. Sollte er aber doch einmal mit sich selbst im stillen Kämmerlein bleiben und gerade kurz vor der Erkenntnis Gottes stehen, dann macht er das Radio oder das Fernsehen an.

Identität

Das Gebet ist etwas so Natürliches für den Menschen wie die Sprache, das Atmen oder das Schlagen eines verliebten Herzens. Es ist auch tatsächlich nichts anderes als eine Klage, ein Seufzen, ein Blick oder ein Herzschlag. Das Gebet ist etwas Selbstverständliches für den Menschen, ein Instinkt, doch muß der Mensch mit seiner gefallenen Natur es neu üben, weil es ein vergessener Instinkt ist.
Das Gebet ist nichts anderes als ein Kontaktaufnehmen mit Gott. Es ist eine Verbindung mit Gott, die keine Worte und nicht einmal Gedanken braucht. Man kann sich mit einem Blick mitteilen oder mit einem Lächeln, mit Seufzern oder mit Taten. Sogar Rauchen kann ein Gebet sein, ein Bild malen, den Himmel betrachten oder Wasser trinken. Tatsächlich ist jede Bewegung unseres Körpers ein Gebet. Unser Körper spricht ein tiefes Dankgebet, wenn er seinen Durst mit einem Glas Wasser stillt. Wenn wir uns an heißen Sommertagen in die Fluten eines kühlen Flusses stürzen, singt unsere Haut eine Dankeshymne an ihren Schöpfer, auch wenn dies ein irrationales Gebet ist, das ohne unsere ausdrückliche Zustimmung oder sogar gegen unseren Willen geschieht. Wir können aber willentlich aus allen unseren Taten ein Gebet machen. Unsere Arbeit ist ein existentielles Gebet. Gott hat einmal in einer Vision zur heiligen Angela von Foliguo gesagt, Er erfreue sich an allen ihren Taten, an ihrem Essen, Trinken und Schlafen, Er erfreue sich an ihrem ganzen Sein und am Stattfinden aller ihrer organischen Funktionen.
In den »Blümelein des Heiligen Franz« wird erzählt, daß die Anbetung des Bruders Maseo nur darin bestand, »u u

u u u« zu sagen. Und die Anbetung des Bruders Bernhard bestand darin, in den Bergen herumzulaufen.
Gott hüllt uns von allen Seiten ein wie die Atmosphäre. Und wie die Atmosphäre voller Licht- und Schallwellen ist, die wir weder sehen noch hören können, wenn wir nicht die dafür bestimmten Kanäle einschalten, so können wir auch die Wellenlänge Gottes nicht hören, es sei denn, wir schalten den entsprechenden Kanal ein. Wer nur in der Welt der fühlbaren Sender lebt, kann den Sender Gottes nicht abhören.
Auch untereinander können wir uns durch Gott hindurch verständigen wie mit einer Fernverbindungslinie quer durch die ganze Atmosphäre. Wie zwei Freunde, die in weit voneinander entfernten Städten wohnen und sich über alle Entfernung hinweg doch näher sind als zwei Nachbarn im gleichen Dorf, die nichts voneinander trennt als eine Wand.
Obwohl uns Gott so nah ist, ist er jedoch auch unermeßlich weit von uns entfernt. Durch die ganze Ewigkeit sind wir von Ihm getrennt. Und alle Vereinigung mit Gott kann immer nur sein wie die Vereinigung zweier Liebender, die sich nie ganz umarmen, sondern sich nur, getrennt von einer Scheibe, durch das Glas hindurch küssen können.
Wir schauen Gott nur im Dämmerlicht. Wir sehen Ihn wie einen Film, der schon läuft, während die Türen noch nicht geschlossen, die Lichter noch nicht gelöscht sind. Erst wenn es langsam dunkler wird, fangen wir an, die Figuren auf der Leinwand immer deutlicher zu unterscheiden. Oder wie ein Haus, in dem kein Licht brennt, außer einer einzigen Lampe in einem Zimmer, und man tastet sich zwischen den Schatten hindurch und stößt an Möbel und durchquert finstere Flure, geführt von jemandem, der das Haus kennt.

Die Gegenwart Gottes ist unbestimmt und verschwommen, und je näher wir bei Gott sind, desto verschwommener kommt Er uns vor. Es ist als ob sich ein feiner, durchsichtiger Film zwischen Wahrnehmung und Wirklichkeit schöbe. Und wir dürfen diese Verschwommenheit nicht zerstören, diesen Schleier nicht zerreißen. Wir sind so nahe bei Gott, daß wir Ihn nicht erkennen.
Der Grund, daß wir Menschen die Gegenwart Gottes nicht deutlicher an uns erfahren, ist der, daß wir allzusehr daran gewöhnt sind, alle Wahrnehmungen von außen her zu erwarten, und dabei kommen sie doch von innen. Wir sind so nach außen hin gewendet und achten so sehr auf die äußeren Eindrücke, daß wir die Berührungen und Stimmen in unserem Innern gar nicht mehr wahrnehmen. Wir stellen uns vor, daß Gott, wenn Er mit uns spräche, eine stoffliche Stimme haben müsse, die von außen her, durch die Ohren in uns einginge.
Und wenn wir doch einmal diese Gegenwart Gottes irgendwie in uns spüren sollten, denken wir, diese Gegenwart wären wir selbst und erkennen Gott nicht in uns.
Wir merken nicht, daß wir tief im Mittelpunkt unseres Seins nicht wir selbst, sondern ein anderer sind. Unsere eigene Identität ist ein anderer. Jeder einzelne von uns ist ontologisch eine Zweiheit. Wenn wir uns selbst finden, uns auf uns selbst konzentrieren, dann tun wir nichts anderes als uns in die Arme Gottes werfen.
In all unserem Tun suchen wir diese Umarmung mit Gott, aber irrigerweise, indem wir uns nach außen wenden. Wir hören die unwiderstehliche, betörende Stimme des Geliebten in unserem Inneren und denken, ein Gassenjunge pfeift uns vor unserer Haustür.
Gott ist überall, sogar am Broadway, seine Stimme aber hören wir nur in der Stille.

Die Liebe aller Lieben

Für die heilige Therese von Avila ist das Leben nur wie eine in einem schlechten Wirtshaus verbrachte Nacht – wie für Cervantes alle menschlichen Luftschlösser nichts anderes als Spelunken sind. Die menschliche Seele aber ist für die heilige Therese wie eine Burg auf der kastilischen Hochebene. Und unser Innerstes, der Mittelpunkt unseres Wesens, der Ort, da Gott wohnt, ist das Prunkgemach dieser Burg. Für die meisten Menschen dagegen ist es wie eine Rumpelkammer, die sie so gut wie nie betreten.

Ganz innen in uns wohnt die Liebe. Gott ist verrückt vor Liebe, und daher ist Sein Benehmen nicht vorausschaubar. In irgendeinem Augenblick begeht der Liebhaber eine Verrücktheit, weil er, wie alle Liebenden, Vernunftgründen nicht zugänglich ist. Er ist betrunken vor Liebe. Unsere Seele ist das Prunkgemach, zu dem nur Gott einen Schlüssel hat. Und wenn Er nicht eintritt, bleibt es eben leer. Unsere Sinne können wir sättigen bis zum Überdruß, bis in die Seele dringt das alles gar nicht vor. Ich habe Venedig und Capri gesehen, die mich mit ihrer Schönheit faszinierten, und doch war ich nicht befriedigt. Irgend etwas fehlte. Auf dem Grund jeder Freude fand ich Trauer und Beklemmung. Und heute sind alle meine Erinnerungen unwirklicher als Ansichtspostkarten. Alles war nichts anderes als eine leere Vision.

Alle Schönheit ist traurig. Auf dem Grund aller Dinge ist Bitterkeit und Weinen. Das ist die kosmische Trauer aller Kreatur, von der Paulus spricht. Aber die Kreatur kann sich im Menschen von dieser metaphysischen Agonie ausruhen, wenn das Herz des Menschen in Gott ausruht.

Man kann der Reisen, der Feiern und der Ausflüge auf Luxusjachten müde werden, aber man kann nicht Gottes müde werden. Die Trappistenmönche brauchen keine Ferien, weil ihr ganzes Leben Erholung ist, wie das Leben der Vögel und Eichhörnchen. Auch wenn sie arbeiten, indem sie ihre Nahrung suchen und Nester bauen, ist ihr ganzes Leben doch Erholung und unaufhörliches Spiel.
Wieviel würde ein Stahl- oder Petroleumkönig bezahlen, um sich den Frieden eines Eichhörnchens zu erkaufen? Er gäbe sein ganzes Stahl- oder Petroleumreich auf. Alle, die diesen Frieden einmal geschmeckt haben, gaben alles hin, was sie besaßen – wie die Mönche, die alle möglichen Entwicklungen ihres Lebens geopfert haben, um sich dieses Glück zu erkaufen.
Zu diesem Frieden sind wir alle berufen. Wie viele Mädchen und Männer flirten wohl in diesem Augenblick in Bars oder Klubs herum und sind doch eigentlich von Gott zum mystischen Leben berufen. Vielleicht hat Er gerade für sie die höchsten Gaben der Kontemplation ausersehen, und sie haben keine Ahnung und werden es auch nie erfahren.
Es gibt Menschen, die sich mit einer fast mystischen Hingabe an die Freuden der Sinne klammern. Sie alle suchen Gott dort, wo Er nicht ist, und dieses Suchen und Nichtfinden führt sie zu Verzweiflung, Laster, Verbrechen, Wahnsinn oder Selbstmord. Sie suchen ihr Glück in so lächerlichen Dingen wie im Geld, im Alkohol oder im Vergnügen mit all der Kraft ihrer Sinne, die doch zum Schauen der Seligkeit bestimmt ist.
Dabei sind gerade die Menschen, die sich am heftigsten der Liebe, der Romantik oder dem Genuß der Sinne hingeben, auch am meisten befähigt, Gott zu lieben. Denn Ihn suchen sie ja gerade in all ihren Abenteuern, ohne Ihn je zu finden.

Wir wurden geschaffen für die Liebe von einem Gott, der die Liebe ist. Selbst das schwerste Leid und der heftigste Schmerz des Menschen haben ihren Ursprung in der Liebe.
Es gibt viele Arten unbefriedigter Liebe. Da sind die, die auf eine Liebe warten, die nie eintrifft. Da gibt es andere, die an der Bitterkeit einer verschmähten Liebe leiden. Es gibt verbotene Liebe oder unmögliche Liebe oder verlorene Liebe. Es gibt auch die fade Traurigkeit einer befriedigten Liebe, die doch nicht ausfüllt. Und alle diese Leben könnten bis zum Rand angefüllt sein mit Liebe, alle könnten ihre fast unbegrenzten Möglichkeiten der Zärtlichkeit und Hingabe voll ausleben, wenn sie sich ihrem eigenen Inneren zuwenden würden, zur Großen, Einzigen Liebe, die in ihnen pulsiert und atmet. Man kann sich kaum vorstellen, wie alle diese Leben verändert würden, wenn sie nur einmal den Versuch machten, diese Liebe aller Lieben zu finden.

Leidenschaft, unendlich

Gott ist die Liebe. Und der Mensch ist auch die Liebe, weil er nach Seinem Bild und Gleichnis gemacht ist.
Gott ist die Liebe. Und da Er ein unendlich einfaches Wesen ist, kann Er, wenn Er die Liebe ist, nichts anderes als die Liebe sein. Wenn Er das unendlich Gute, die unendliche Weisheit, die unendliche Wahrheit, die unendliche Schönheit und die unendliche Gerechtigkeit genannt wird, will das nichts anderes heißen, als daß Er eine unendlich weise, unendlich wahre, unendlich schöne und unendlich gerechte Liebe ist, aber Er ist nichts anderes als nur Liebe. Und auch der Mensch, nach Seinem Ebenbild geschaffen, ist nichts als Liebe. Im gleichen Augenblick, in dem der Mensch zu einem vernunftbegabten Leben erwacht, merkt er, daß sein ganzes Leben nichts als Wunsch, Leidenschaft, Hunger und Durst nach Liebe ist.
Die unverfälschte Substanz unseres Wesens ist Liebe. Wir sind ontologisch Liebe. Und auch Gott ist wie ein einziger Liebesschrei, eine unendliche Leidenschaft und ein unendlicher Durst nach Liebe. Unsere einzige Daseinsberechtigung ist diese Liebe.
Gottes und unsere Liebe ist gleich. Sie bedrängt uns wie ein Durst, den wir nie stillen können, soviel wir auch trinken, weil es uns nach immer mehr und mehr verlangt. Sogar fern von Gott bewahren wir in unserem Wesen und in allen unseren Bewegungen eine Erinnerung an Ihn, von dem wir ausgegangen sind. Wir sind wie die Fische, die im Aquarium noch immer eine Erinnerung ans Meer bewahren und sich jeden Tag im gleichen Rhythmus mit Ebbe und Flut bewegen, auch wenn sie meilenweit vom Meer entfernt sind.

Gottes Herz findet keine Ruhe, bis die ganze Schöpfung, wie der verlorene Sohn, in Seinen Schoß zurückgekehrt ist. Wir sind der Gegenstand einer unendlichen Sehnsucht des Vaters, und der Heilige Geist ist der Seufzer dieser Sehnsucht.

Aus Liebe zu uns und aus Liebe zu Gott wurde das Wort Fleisch, um in uns den Vater zu lieben, damit Gott Gott lieben möge in Millionen von Seelen und Millionen von Leben.

Der Mensch ist eine Erfindung der Liebe und wurde geschaffen zum Lieben. Wir sind wie Drähte einer Hochspannungsleitung der Liebe, und es darf keine Eigenliebe in uns geben, weil der Egoismus die Isolierschicht der Liebe ist. Wir sollen unseren Nächsten mehr lieben als uns selbst, weil die egoistische Liebe den Liebesstrom unterbricht. Wenn wir uns aber ganz der Liebe hingeben, einfach zulassen, daß der Strom durch uns hindurch geht, werden wir zu Sendern der Liebe.

Alle geschaffenen Wesen stehen allein dadurch, daß sie leben mit dem Leben Gottes in Verbindung, jedoch ist diese Verbindung bei der unvernünftigen Kreatur unvollkommen und begrenzt. Der Mensch ist das einzige Wesen im ganzen Universum, das lieben kann. Jeder Mensch wird mit einem unerschöpflichen Vorrat an Liebe geboren. Der Mensch ist keine »Leidenschaft ohne Sinn« wie Sartre sagt, sondern eine Leidenschaft, deren Sinn Gott ist.

Ego

Gott liebt uns nicht im Kollektiv, sondern als Einzelwesen. Die bloße Tatsache unserer Existenz ist ein Zeichen Seiner unendlichen und ewigen Liebe. Vor aller Ewigkeit wählte Er uns aus einer unendlichen Anzahl von möglichen Wesen aus, die Er alle unseretwegen beiseite ließ und zum Nichtsein verdammte. Aus allen diesen Eventualitäten wählte Er ausgerechnet uns. Gerade wir zogen dieses Los, nicht aus tausend oder Millionen Möglichkeiten, sondern aus einer unendlichen Anzahl von möglichen Wesen, die Er geschaffen haben könnte, die Er aber unseretwegen nicht schuf. Wir sind eine Auslese aus einer Unzahl von Wesen, und allein die Tatsache, daß wir sind, ist der größte Beweis der Vorliebe Gottes für uns.

Jeder einzelne von uns ist unersetzbar wie ein seltenes Exemplar einer Sammlung. Gott ist ein Künstler, der sich weder wiederholt noch plagiiert. Kein Blättchen gleicht dem anderen, kein Fingerabdruck und auch keine Seele. Und die Seele, die verlorengeht, wird Gott in aller Ewigkeit nicht noch einmal erschaffen, und ihr Verlust wird Ihn ewig schmerzen. Gott liebt uns mehr, als wir uns selbst lieben. Er liebt uns, seit Er Gott ist, und auf dieselbe Weise, wie Er sich selbst liebt.

Welch zerreißenden Schmerz wird Er fühlen, wenn Er sich auf ewig von uns trennen muß.

Gott ist die Liebe. Und Er ist eine verschmähte Liebe. Das ist die große Tragik Gottes. Wir sehen Ihn oft als einen Tyrannen, der immer mehr und mehr von uns fordert, aber Er ist nichts als bittende Liebe. Der Schöpfer der ganzen Welt bettelt um deine Liebe.

Gott liebt dich so, als ob es im ganzen Kosmos nur zwei

Wesen gäbe: Gott und dich. Gott braucht den Menschen nicht, um glücklich zu sein, und doch liebt Er ihn so, als ob Er ohne ihn ewig unglücklich wäre. Obwohl Er die ganze Ewigkeit hindurch ohne uns ausgekommen ist, demütigt Er sich wie ein Sklave aus Liebe zu uns, als ob Er nicht einen Augenblick ohne uns auskommen könnte. »Gott liebt die Seele so sehr«, sagt die heilige Kathalina von Genua, »als ob die Seele Gott wäre und Gott ihr Sklave.«

Manchmal scheint es, als ob Gott das ganze Universum vergessen hätte und nur daran interessiert sei, sich mit uns zu unterhalten.

Wie der Liebende, der nur in Gedanken an die ferne Geliebte lebt, so hast Du mich geträumt, ehe ich noch geboren war, die ganze Ewigkeit hindurch!

Und auch wir sind eine große Sehnsucht nach Gott, eine unendliche Sehnsucht, die jeder mit sich bringt, wenn er geboren wird. Leben bedeutet für uns verbannt sein von Gott. Gott ist Liebe, und wir, nach Seinem Ebenbild geschaffen, sind auch Liebe. Jede einzelne unserer Zellen ist Liebe, geschaffen für die Liebe wie das Weihrauchkörnchen fürs Feuer. Unser ganzes Sein ist der Brennstoff für dieses Feuer.

Das einzige, das uns von Gott trennt, ist unser Ego, unsere Liebe zu uns selbst. Darum kann sich die Vereinigung mit Gott nur dann vollziehen, wenn das Ego gestorben ist. Entweder Gott oder ich. Im gleichen Augenblick, in dem das Ego aus unserem Innern verschwindet, nimmt Gott Wohnung in uns.

Es genügt, daß wir noch einmal das Fiat Marias aussprechen, und die Menschwerdung Gottes vollzieht sich noch einmal in uns. Eine Transsubstantiation findet in uns statt wie die Verwandlung von Brot und Wein, und unser Fleisch und Blut verwandelt sich in Christus, in das

Fleisch und Blut Christi. Wir werden zu Eucharistie, zu einem Sühneopfer der Liebe.
Die mystische Vereinigung ist für den heiligen Bernhard wie ein gegenseitiges Aufessen, ein gegenseitiges Verschlucken Gottes und der Seele. Die Liebe zielt immer darauf, aus zwei Dingen ein einziges Ding zu machen. Hier auf Erden werden zwei Wesen nie ein einziges. Nur Gott bringt es fertig, eins zu werden mit der Seele, ohne daß sie jedoch aufhören zwei zu sein.

Mittelpunkt

Gott ist die Liebe. Und gibt es ein größeres Glück als lieben und geliebt werden? Gott ist Glück, weil Er Liebe ist. Aber Er ist das unendliche Glück der unendlichen Liebe. Alles Leben ist hervorgekeimt aus dieser Liebe. Alle Dinge sind durch die Liebe geschaffen und sind daher Liebe.

Gott würde nicht ein einziges Ding geschaffen haben, wenn Er es haßte, wie es im Buch der Weisheit heißt (11, 24–25), und die bloße Tatsache, daß Er ein Ding bewahrt, ist der Beweis, daß Er es liebt. So ist die Existenz aller Dinge ein Beweis für Seine Liebe, ist ein Liebeskuß Gottes.

Picasso hatte recht, als er sagte, wir wüßten nicht, was ein Baum oder ein Fenster ist. Alle Dinge sind seltsam und geheimnisvoll (picassianisch), und wenn wir ihre Seltsamkeit und ihr Geheimnis vergessen, liegt das nur daran, daß wir uns so an sie gewöhnt haben. Wir verstehen die Dinge nur dunkel. Aber was sind die Dinge? Alle Dinge sind die Liebe Gottes in Dinge verwandelt.

Gott spricht zu uns durch alle Dinge. Auch die Dinge sind eine Botschaft Seiner Liebe. Ich lese ein Buch, und Gott spricht zu mir durch dieses Buch. Ich betrachte eine Landschaft, und Gott hat diese Landschaft mir zur Freude erschaffen. Das Bild, das ich anschaue, wurde dem Maler durch Ihn inspiriert. Alles, was mich erfreut, wurde mir liebevoll von Gott geschenkt, damit ich es genösse. Und auch der Schmerz wurde uns liebevoll von Gott geschenkt.

Die Liebe Gottes hat die Welt erschaffen und erschafft sie noch in jedem Augenblick im Prozeß ihrer Evolution.

Weil der Gott der Schöpfung auch der Gott der Evolution ist, ist auch die Evolution das Werk Seiner Liebe. Mit Seinem »Wachset und mehret Euch« diktierte Er das Gesetz der Evolution.
Die Welt ist nicht wie ein Gemälde, das vor Jahrhunderten gemalt wurde und nun unantastbar in einem Museum hängt, sondern vielmehr wie ein Bild in der Werkstatt des Künstlers, das sich noch im Stadium des Geschaffenwerdens befindet.
Gott ist nicht aus Marmor, wie Paulus den Athenern im Areopag von Athen angesichts ihrer Marmorstatuen sagte. Er ist auch keine Skulptur, sondern ein lebendiger Gott, in dem »wir uns bewegen, in dem wir leben und in dem wir sind«. Aus Ihm stammt der Marmor im Areopag und die Hand, die diesen Marmor formte, und die Inspiration, die diese Hand führte.
Jeder von uns fühlt sich als Mittelpunkt der Welt, und darum leben wir in einer falschen Welt, so wie das Weltbild der Astronomen vor Kopernikus falsch war. Wir interessieren uns nur insofern für die Dinge, als sie für unsere kleinen Interessen nützlich sind. Wir können aber nur glücklich sein, wenn Gott der Mittelpunkt unserer Welt ist. Dann erfreuen wir uns an allem, was lebt, und daß die Dinge so sind, wie sie sind, und daß alles geschieht, wie es geschieht, weil Gott es so will, ganz gleich, ob es nun in unsere kleinen Pläne paßt oder nicht.
Gott ist die Liebe, aber unsere Eigenliebe ist eine Anti-Liebe, weil Liebe Hingabe der eigenen Person an einen anderen Menschen ist. Die Eigenliebe aber ist eine Nicht-Hingabe der eigenen Person. Die Eigenliebe ist eine umgekehrte Liebe, ist zu sich selbst gekehrte Liebe und darum Haß.
Den Nächsten lieben wie sich selbst, das erscheint uns jetzt schwer und sogar unverständlich. Aber gerade das

wäre eigentlich der natürliche Zustand des Menschen im Paradies, weil es wirklich der natürliche Zustand des Menschen ist. Der Mensch wurde als organisches Ganzes geschaffen, das sich jedoch aus vielen Einzelheiten zusammensetzt. »So schuf Gott den Menschen nach Seinem Bilde« (Genesis 1, 27). Alle Menschen zusammen sind wie ein einziger Körper, zusammengesetzt aus unzähligen Einzelstücken, und der persönliche Egoismus ist so widernatürlich, wie der Egoismus einer Zelle unseres Organismus widernatürlich wäre, die, sich nur auf sich selbst konzentrierend, ihre eigenen Interessen der organischen Funktion des Ganzen vorzöge und den übrigen Zellen den Krieg erklärte: das ist nämlich der Krebs. Und die Eigenliebe ist gleichfalls der Krebs des mystischen Körpers, des kosmischen Körpers. Oder wie Paulus sagt: »Das Auge kann nicht zur Hand sagen: Ich brauche dich nicht; noch der Kopf zu den Füßen: Ich bedarf Eurer nicht« (1. Korinther 12, 21).

Die Natur

Die ganze Natur ist Caritas, aber nur der Mystiker erlebt diese Art von Liebe mit seiner eigenen Erfahrung. Die Liebe Gottes umgibt uns von allen Seiten. Seine Liebe ist das Wasser, das wir trinken, die Luft, die wir atmen, und das Licht, das wir schauen. Alle natürlichen Phänomene sind nichts anderes als verschiedene materielle Formen der Liebe Gottes. Wir bewegen uns in Seiner Liebe wie der Fisch im Wasser. Und wir sind so nahe bei Ihm, so durchtränkt von Seiner Liebe und Seinen Gaben (wir selbst sind eine Gabe Gottes), daß wir es gar nicht merken, weil uns die Perspektive fehlt. Seine Liebe hüllt uns von allen Seiten ein, darum spüren wir sie nicht, wie wir auch den Druck der Atmosphäre nicht spüren.

Die Natur ist die fühlbare, die materialisierte Liebe Gottes. Seine Vorsehung ist sichtbar in allem, was wir anschauen. Aber die Menschen hasten durch die Straßen, voller Sorgen und ohne einen Augenblick innezuhalten und an Ihn zu denken, an Ihn, der sie von allen Seiten einhüllt, der die Haare auf ihrem Haupte gezählt hat und alle ihre Zellen.

Warum sorgen wir uns dann eigentlich?

Warum gehen die Menschen mit ernsten Gesichtern durch die Städte, als ob sich jeder für sich alleine bewegte, in einer fremden und feindlichen Welt, in der jeder auf sich selbst gestellt ist? Warum sorgen wir uns, was wir essen und trinken, womit wir uns kleiden und welche Markenartikel wir kaufen sollen? Seht die Vögel am Himmel und die Lilien auf dem Felde. Seht die Seeanemonen und die bescheidenen Protozoen und den Omeganebel im Sternbild des Schützen: sie säen nicht und ernten nicht

und haben weder Kornspeicher noch Bankkonten, noch Lebensversicherungen.
Gott wacht mit Seiner Vorsehung seit vier Milliarden Jahren über die Erde und hat seit 100 Millionen Jahren für die Vögel und die Insekten gesorgt, du aber fühlst dich hilflos und allein in der Welt, als ob keiner für dich sorgte. Du vergißt, daß da Einer ist, der sich in diesem und jedem Augenblick um dein Gewebe sorgt, der den Lauf deines Blutes reguliert und die Funktion deiner Drüsen überwacht. Und dann denkst du, daß irgendein kleines Problem deines täglichen Lebens nur von dir allein gelöst werden könnte.
Er hört den Schrei des Hirsches in der Schlucht nach einer Gefährtin, und Er gibt sie ihm. Er sorgt für den Kuckuck, der nach Futter schreit, und führt die Störche auf ihrem Wanderzug. Wenn Wiesel und Dachs in ihren Höhlen schlafen, wacht Er über ihnen. Das Fröschlein, der Käfer und der Rabe finden jeden Tag ihre Nahrung zur bestimmten Zeit.
Aller Augen warten auf Dich, Herr, und Du gibst ihnen ihre Speise zu seiner Zeit.
Du tust Deine milde Hand auf und erfüllest alles, was da lebt, mit Wohlgefallen.

Sucht

Alle Menschen werden mit einem verwundeten Herzen und einem unstillbaren Durst geboren. »Wie dürres Land lechzt meine Seele Dir entgegen« (Psalm 142). Der Vorgang des Essens und Trinkens wurde vom Schöpfer als materielles Symbol dieses Hungers und Durstes nach Gott eingesetzt.

Dieser Durst nach Gott widerspiegelt sich als innere Unruhe auf den Gesichtern aller Menschen, die die Straßen, die Läden, die Kinos und Bars bevölkern. Alle Welt trägt einen Wunsch mit sich, viele Wünsche, eine Unendlichkeit von Wünschen: noch ein Gläschen, noch ein Stück Kuchen, noch ein Blick, noch ein Wort, noch ein Kuß, noch ein Buch, noch eine Reise. Mehr und immer mehr. Alle Gesichter verwundet von Unruhe und Wünschen. Aber wir, die wir aus der Sklaverei dieser Wünsche entronnen sind, fühlen uns wie aus den Konzentrationslagern der Nazis oder von der Zwangsarbeit in Sibirien befreit.

Der Mensch denkt immer, mit ein wenig mehr hätte er schon genug, aber immer wünscht er dann doch noch mehr und mehr. Er denkt, mit einem Häuschen, einem Wagen, einem verständnisvollen Ehepartner und gutgeratenen Kindern wäre er zufrieden, aber dann geht er doch immer wieder mit der gleichen Unruhe aus dem Haus. Er sucht immer neue Dinge mit immer gleicher Sucht. Mit immer gleicher Gier kauft er seine Zeitung, die er dann fortwirft, und immer wird er gleich unbefriedigt bleiben. Es ist wie eine Krankheit, die ihn zwingt, immer mehr und mehr zu essen, ohne daß er jemals satt würde.

Platon hat einmal gesagt, der Mensch sei wie ein zerbrochenes Gefäß, das sich nie füllen läßt. Die Sinne mögen sich an Genüssen überessen, die Seele bleibt doch immer unbefriedigt. Die irdischen Freuden bleiben an der Peripherie des Körperlichen und dringen nicht bis zur Seele vor. Sie verschlimmern höchstens ihren Durst, weil sie fühlt, daß der Kelch der Freude nicht einmal bis an ihre Lippen gelangt ist.

Es ist, als ob wir uns mit einer Nahrung sattessen wollten, die nichts hergibt oder uns mit einem Wein betrinken, der nicht trunken macht. Die Nahrung füllt uns zwar, aber unser innerster Hunger wird nicht gestillt, sondern eher angefacht. Wir können überdrüssig werden, aber niemals satt.

Und so, wie wir uns von der Tiefe eines Brunnens überzeugen, wenn wir einen Stein hineinwerfen und seinen Aufprall nicht mehr hören, so können wir uns von der Tiefe unserer Seele überzeugen, wenn die Dinge in sie hineinfallen und einfach verschwinden, ohne daß ein Echo nachklingt, ohne daß wir sie fallen hören.

Weil Gott auf dem Grund jeder Seele wohnt, ist die Seele unendlich und kann mit nichts gefüllt werden als mit Gott.

In den Klöstern sieht man Männer, die zufrieden und erfüllt ihres Weges gehen, lächelnd und ohne eine Sorgenfalte auf ihrer Stirn. Ignatius von Loyola sagte einmal, auch wenn ihm befohlen würde, die Kompanie Jesu aufzulösen, würde er in 15 Minuten seinen inneren Frieden wiedererlangt haben.

Und genauso gehen die Tiere durch ihren Tag, nie unruhig und beklommen, sondern ruhig und erfüllt wie die Mönche.

Die Menschen sind mit den Dingen dieser Erde nie zufrieden, weil sie nicht für sie geschaffen wurden. Die Tiere befriedigen ihre Notdurft und brauchen nicht mehr.

Sie spüren keinen Durst nach Unendlichkeit in sich, und diese Erde ist ihr Himmel. Darum sind die Tiere nie von ihrem Leben enttäuscht und begehen nie Selbstmord, weil sie für diese Schöpfung erschaffen wurden. (Und alle Tiere sind auch Heilige, mit ihrer tierhaften Heiligkeit, sie sind keusch und arm und gehorsam wie die Mönche, und sie sind demütig.)

Unser Sein aber ist entworfen worden, um Gott zu lieben, um Ihn zu besitzen und Ihn zu genießen, wie die Makrele entworfen wurde zum Schwimmen und die Möwe zum Fliegen.

Und so wie das Telefon erfunden wurde, um damit zu telefonieren und nicht zu irgendeinem anderen Zweck, so ist der Mensch auch nicht zum Genießen dieser Erde, sondern zum Genießen Gottes erschaffen. Und darum sind wir nur mit Gott glücklich.

Obwohl wir Gott nie gesehen haben, sind wir wie Zugvögel, die an einem fremden Ort geboren, doch eine geheimnisvolle Unruhe empfinden, wenn der Winter naht, einen Ruf des Blutes, eine Sehnsucht nach der frühlingshaften Heimat, die sie nie gesehen haben und zu der sie aufbrechen, ohne zu wissen, wohin.

Sie haben den Ruf des Gelobten Landes vernommen, die Stimme des Geliebten, der ruft: »Auf, meine Freundin! Du meine Schöne, komm! Vorüber ist die Winterzeit, der Regen ist vorbei« (Hohes Lied 2, 10).

Gott, Nichts

Die menschliche Seele ist schon verliebt, wenn sie geboren wird, in einen Geliebten, den sie nie gesehen hat. Es liegt aber ein Widerschein dieses Geliebten auf allen Dingen, und so möchten wir von Geburt an alle Dinge umarmen. Das Kind streckt seine Ärmchen nach allem aus, was es sieht, und alles, was es anfaßt, steckt es in den Mund; es will alles berühren und verschlucken. Wenn es ein wenig größer geworden ist, umklammert es seine Spielsachen, und der erwachsene Mensch klammert sich weiterhin und erst recht an alle Dinge. Aber er wird nie befriedigt, weil das, was er umarmt, nicht Gott ist, es sei denn, er ließe eines Tages alle Dinge fahren und klammere sich nur noch an Gott. Gott aber findet man nur im Nichts. Dort, wo die Dinge nicht mehr existieren, da ist Gott.

Die Dinge lassen sich nicht besitzen und lassen uns darum ewig unbefriedigt. »O Welt, daß ich dich nicht ganz umfassen kann!« ruft Edna Saint Vincent Millay, die Dichterin, die so sehr die Umarmung besang. Das ist die große Unruhe des menschlichen Herzens, die Welt besitzen zu wollen und sie nicht besitzen zu können (wie Alexander, der weinte, weil er die Sterne nicht erobern konnte). In der Liebe versuchen wir auch den menschlichen Körper zu besitzen, und auch er läßt sich nie ganz erobern. Nur Gott kann man vollständig besitzen. Nur Gott läßt sich umarmen, weil die Arme der menschlichen Seele zum Umfassen des Unendlichen und zu nichts sonst erschaffen sind.

Weder die Welt noch die Menschen können umarmt werden noch umarmen, weder die Welt noch die Menschen machen uns satt. Gott ist der Einzige, der satt macht. Gott gibt das Glück der Lust und die Trunkenheit des Weins, ohne daß Lust oder Wein dazu nötig wären. In Ihm ist die Essenz der Trunkenheit. Er ist alle Lust und alle Freude und alles Ergötzen in unendlichem Maße und nicht wie die Schatten der Lust und der Freude und der Liebe, denen wir nachjagen.

In Ihm ist die Schönheit aller Menschen, der Geschmack aller Früchte, die Trunkenheit aller Weine und die Bitterkeit und Süße aller irdischen Liebe vereint, und wer nur einen Tropfen von Gott kostet, wird verrückt für immer. Ein Mensch, der diese Seligkeit geschmeckt hat, kann nicht mehr dasselbe Leben weiterführen wie vorher, er kann nicht mehr jeden Tag brav in sein Büro gehen und alle menschlichen Konventionen mitmachen. Er ist ein Mensch, der plötzlich närrisch geworden ist, und der anfängt, Torheiten zu begehen: vielleicht läuft er in Lumpen auf die Straße oder mit einer Büßermütze, damit die Leute über ihn lachen. Vielleicht fängt er an, auf den Straßen zu predigen, schließt sich für den Rest seines Lebens in einer Zelle ein oder geht die Leprakranken küssen. Das ist, was die Leute eine »Konversion« nennen.

Gott, Dich zu lieben ist jetzt der einzige Grund meines Daseins, mein einziger Beruf und mein einziges Handwerk. Dir habe ich mich hingegeben mit der gleichen Leidenschaft, mit der ich mich früher der Schönheit der Mädchen hingab. Dir habe ich mich ergeben, wie ich mich früher ihnen ergab, völlig habe ich mich Dir geschenkt, wie ich mich früher ihnen schenkte. Und ich weiß, daß Du mich lieben und meinen Liebesdurst stillen wirst, wie sie mich nie geliebt und meinen Durst nie gestillt haben. Ich weiß, daß ich jedes Antlitz, das ich je geliebt habe, in Dir wiederfinden werde. Ich liebe Dich mit der Liebe, die ich früher für die ganze Schöpfung Deiner

Hände empfand. Nichts ist mir geblieben als ein Durst wie das trockene Brennen einer Sahara, ein Hunger nach Liebe, der fast kosmisch ist, eine unstillbare Sehnsucht, ein leeres Herz. Alle meine Leidenschaften sind gestorben, zurück bleibt nur die Liebe zu Dir, zu Dir, den ich jetzt mit allen Lieben liebe. Erbarme Dich meines leeren Herzens.

Der unendliche Spiegel

Gott ist die Liebe. Aber die Liebe ist immer hin zu etwas oder zu jemand. Gott ist die Liebe. Zu wem? Liebe zu Gott natürlich. Gott ist die Liebe zu Gott, der die Liebe ist. Liebe zu Liebe. Liebe zu einer Liebe, die auch Liebe zu Liebe ist und immer weiter Liebe zu Liebe bis ins Unendliche. Darum ist Gott Unendlichkeit. Unendliche Liebe zu unendlicher Liebe oder eine unendliche Gegenseitigkeit der Liebe.

Darum ist Gott gegenseitig. Er ist gleichzeitig einer und zwei, zwei vereint in einem, und diese gegenseitige Vereinigung oder Verbindung ist auch Gott, und darum ist Gott auch drei und eins. Liebe der Liebe. Gott ist die Liebe, die sich liebt, ein Spiegel, der sich in einem anderen Spiegel widerspiegelt, eine unendliche Anzahl von Spiegeln oder ein unendlicher Spiegel. Gott ist drei, weil er Liebe ist, unendliche Projektion, Fortpflanzung, Weitergabe und Liebeshingabe Seiner Selbst. Und Gott ist eins, weil Er Liebe, Einheit, Gleichheit, Kommunion des Liebenden mit dem Geliebten und Liebesumarmung ist.

Gott lieben, heißt teilhaben an Gott, weil Gott diese Liebe zu sich selbst ist.

Auch den Nächsten lieben heißt an Gott teilhaben. Das, was wir im anderen lieben, ist das Göttliche in ihm, und es ist das Göttliche in uns, das uns ihn lieben heißt. Und das, was die anderen in uns lieben, ist das, was wir von Gott haben. So ist alle gegenseitige Liebe ein Stück Gott, der sich gegenseitig liebt.

Alle, die sich lieben, geben sich eine Gabe, die die innerste Wirklichkeit Gottes ist. Wäre Gott nur eine Einheit, so wäre Er vollkommen allein, ohne Generation, und daher ein Gott ohne Liebe, ein unfruchtbarer Gott. Er ist aber die Einheit in der Teilung. Alle Teilung und alle Vielzahl in der Schöpfung kommt aus Ihm. Und alle Individualität und alle Einheit in den Dingen kommt auch aus Ihm. Die menschliche Liebe und Vereinigung ist ein Gleichnis der Einheit Gottes. Und unser aller Vereinigung mit Christus ist ein Teilhaben an der Einheit der Dreifaltigkeit.

Die Liebe Gottes zu sich selbst ist keine Eigenliebe, keine egoistische Liebe, sondern die Liebe einer Person zu einer anderen, zu einem unendlich anderen. Es besteht ein unendlicher Unterschied zwischen diesen zwei Personen, und die Liebe zwischen diesen beiden ist wieder eine andere unendliche Person, und auch die ist Gott.

Der Sohn liebt den Vater durch uns hindurch wie durch ein Leitkabel, wenn keine Eigenliebe in uns ist, mit dieser Liebe zu Gott, die auch Gott ist, nämlich mit dem Heiligen Geist, »dem Geist unseres Herrn Jesus Christus«, wie Paulus sagt.

Der Heilige Geist ist die Liebe beider göttlichen Personen, ist Eingebung, Hauch und Kuß. Das Wort ist die Sprache Gottes, der Heilige Geist aber ist Schluchzen und Seufzen, ein Wiegenlied der Liebe. Der Sohn ist Darstellung und Ausdruck des Vaters, Dialog Gottes, der Heilige Geist dagegen ist der Seufzer zwischen zwei Liebenden.

Dies ist das Dogma der Liebe, das Dogma der Heiligen Dreifaltigkeit, daß Gott nicht eins ist, sondern Union, Kommunion und Kommunismus.

Ignatius von Loyola war jedesmal zu Tränen gerührt, wenn er in den Straßen Roms irgend etwas sah, das drei war: drei Tauben, drei Männer, drei Sterne am Himmel, drei spielende Kinder, weil alles Dreifache ihn an dieses Liebes-Mysterium der Dreifaltigkeit erinnerte. Auch jede menschliche Familie – Vater, Mutter und Kind – ist ein Ebenbild der Dreifaltigkeit. Und in der Natur ist ebenfalls alles Dreieinigkeit, denn alles, was lebt, vereinigt sich mit einem zweiten, um ein neues drittes hervorzubringen.

Gott ist drei und eins, aber Seine Zahl entspricht nicht unserem Zahlensystem, sondern ist unendlich eins und unendlich drei, und in Ihm haben alle Zahlen und alle Einheiten Raum.

Gott steht über allen Zahlen, und Sein Name (das Wort) steht über allen Namen. Alle anderen Worte und alle anderen Namen sind Zeichen und Symbole der Dinge, die sie benennen. Das Unendliche Wort aber ist das Zeichen und Symbol des Unendlichen. Es ist der unendliche Name einer unendlichen Realität, und der Name ist die gleiche Realität. Wenn Gott von sich selbst spricht, sagt Er: »der, der da ist«, das soll heißen, der, dessen Existenz in Seinem Namen eingeschlossen ist. Oder der, der keinen Namen hat, sondern *ist*. Oder der, dessen Name Wirklichkeit ist.

Das ist der Name, den der Vater dem Sohne gab: »ein Name über allen Namen«, wie Paulus schreibt, ein Name, der über all unsere Wortbedeutungslehre und Sprachwissenschaft hinausgeht.

»Dieser Name ist glorreich und furchtbar: Herr, Du mein Gott« (Deuteronomium 28, 58).

Licht, Dunkelheit

Der Atheist, der die Existenz Gottes leugnet, bestätigt in einem Punkt eine Wahrheit Gottes: die Nicht-Existenz Gottes in dem Sinne, daß alle anderen Dinge existieren – was die Theologen die »Transzendenz« Gottes nennen. Auch Dionysius Areopagita, Meister Eckehart, Seuse und andere Mystiker nennen Gott das Nichts, das große Nichts. Gott ist keinerlei Ding wie alle anderen Dinge, sondern das Nichts im Vergleich zu allem anderen. Er ist das Nicht-Sein. Wenn wir das, was die Dinge sind, Existenz nennen, dann existiert Gott nicht. Und wenn wir das, was Gott ist, Existenz nennen, dann existiert kein anderes Ding. Er ist so völlig anders von allem Seienden, daß es ist, als ob Er nicht existiere. Oder man kann auch sagen, wenn Gott ist, dann ist alles andere nichts vor Ihm. So existiert also Gott in einem Sinne überhaupt nicht, und in einem anderen Sinne existiert nichts außer Ihm.

In einer Art haben die Atheisten also recht, wenn sie Gott verneinen, weil sie sich unter Gott einen anthropomorphischen Gott vorstellen, einen unwirklichen Gott, der nichts anderes als ein Kindermärchen ist. Wenn sie aber fühlen, daß es irgend etwas Vages, Unverständliches, Geheimnisvolles gibt, von dem sie selbst nicht wissen, was es ist noch wie es heißt, das sie sich aber weigern, Gott zu nennen oder ihm irgendwelche göttlichen Eigenschaften zuzuschreiben, dann bestätigen sie dunkel doch auch die Existenz Gottes, eines Wesens, das unverstehbar und unvorstellbar ist, und das niemand schauen kann, ohne zu sterben. Der Gott der Atheisten ist auch der unbekannte Gott im Areopag von Athen, von dem Paulus zu den

Athenern sagte, er sei der wahre Gott, und sie hätten ihn angebetet, ohne es zu wissen.

Gott ist nicht nur Licht, sondern auch Dunkelheit. Die Vorstellung des Nichts, die die Atheisten von Gott haben, ist auch der Begriff der Mystiker von Ihm, aber für diese ist Er ein experimenteller Begriff, sie haben dieses Nichts am eigenen Leibe erfahren, sie haben diesen Abgrund der Süße und Liebe ohne Ende gespürt und haben seinen Kuß und seine Berührung erfahren.

Gott ist Licht und Finsternis zugleich, oder besser gesagt, weder Licht noch Finsternis, sondern der, der bei der Erschaffung der Welt für uns das Licht von der Finsternis schied und uns zu »Kindern des Lichtes« machte. Wir können keine Erkenntnis des Guten und Bösen haben, sondern nur des Guten, weil wir für das Gute geschaffen wurden, weil wir im Lichte erschaffen wurden mit allem, was da lebt. Die Erkenntnis von Gut und Böse, von Licht und Finsternis ist nur Gott vorbehalten. Die mystische Erfahrung ist eine Erfahrung dieser Finsternis Gottes oder dieser Wirklichkeit Gottes, in der es keinen Unterschied zwischen Licht und Dunkel gibt, und aus der Tag und Nacht gleichermaßen herausgeschaffen sind.

Gott ist auch der Schöpfer der Nacht, und darum ist Er auch Nacht. Nacht der Liebe und des Unerforschlichen. Und wir, die wir von dort ausgegangen sind, bewahren immer eine Sehnsucht nach dieser Nacht.

Gott ist unendlich schön, aber man könnte sagen, es gibt auch eine »Häßlichkeit« Gottes. Gott ist nicht nur Schönheit, weil Er jenseits aller unserer Schönheitsbegriffe steht. »Wenn man etwas Neues schaffen will, muß man es immer häßlich machen«, sagt Picasso. Und Gott ist unendliche Neuheit. »Wir kennen die unsichtbare Vollkommenheit Gottes durch die sichtbare Welt«, sagt Paulus. Die faszinierende Häßlichkeit gewisser Reptile und

Insekten, der Ungeheuer des Meeres und des Mikrokosmos (und der modernen Malerei) können uns zum Meditieren anregen über die schreckliche und ewig neue und revolutionäre Schönheit Gottes.

Und Gott hat auch Humor, einen unendlichen Humor. Wir kennen die unsichtbare Vollkommenheit durch die sichtbare Welt: eine grüne Eidechse, ein Kaninchen, eine Zikade, ein Protozoon oder die Gottesanbeterin mit ihren enorm langen, wie zum Gebet gebeugten Füßen, alle können uns anregen zur Meditation über den unendlichen Witz und den unendlichen Humor Gottes.

Gott ist nicht nur unendlich groß, sondern wie Dionysius von Areopagita sagt: »Gott ist auch klein.« Er ist unendlich klein. Wenn wir durch ein Teleskop in die Welt des Makrokosmos blicken, schauen wir ein Bild der unendlichen Größe Gottes. Genauso können wir mit einem Blick durchs Mikroskop in die Welt des Mikrokosmos die unendliche Kleinheit Gottes entdecken.

Und wenn Sternenhimmel und Meer von der Majestät Gottes künden, so erzählen uns die Augen der Insekten oder der Verdauungsapparat der Ameisen von der Demut Gottes. Denn wenn wir sagen: »Gott ist größer als das ganze Universum«, so können wir auch behaupten: »Gott ist kleiner als ein Elektron.«

Aber »alles, was du von Ihm sprichst, ist falsch«, sagt Meister Eckehart.

Schauen

Es gibt Augenblicke, da fühlen wir Seine Augen auf uns, Augen, die uns mit einer unendlichen Intensität anschauen, fest auf uns gerichtet durch alle Ewigkeit hindurch. Und manchmal fühlen wir, daß unsere Seele Ihn anblickt, die Augen unermeßlich weit geöffnet, ganz dem Schauen hingegeben, dic ganze Seele verwandelt in Blick. Ein anderes Mal fühlt sich die kleine Seele umarmt vom Geliebten, oder sie selbst verwandelt sich ganz in Umarmung mit Ihm und fühlt unverwechselbar Seine Berührung. Oft ist es nichts als eine zarteste Liebkosung, die Seele und Haut gleichermaßen einhüllt mit einem Schauer, der über Haut und Seele geht, denn: »Wenn die Seele nicht Körper ist, was ist sie dann?« Und die Seele wird ganz Seufzer, liebend und liebend mit jedem Ausatmen und Einatmen, mit allen Zellen und allen Drüsen und allen Organen, eine unaufhörliche Flamme der Liebe.

Die Seele ist weiblich, und in Seiner Gegenwart wird sie manchmal ein wenig kokett, weil sie sich geliebt weiß und weil sie sich ihrer Macht über den Geliebten bewußt ist. Und manchmal benimmt sie sich ein wenig tyrannisch im Bewußtsein ihres Sieges und Seiner Ergebung, aber gleichzeitig auch im Bewußtsein ihrer völligen Hingabe.

Heute habe ich Dich lange angeschaut, mit nassen und traurigen Augen, mit hungrigen Augen, wie nur die Seele schauen kann. Du Brunnen aller Schönheit und Schöpfer aller Herrlichkeit der Welt, die nichts ist als der Widerschein Deiner Schönheit. Und alle Lieben dieser Welt sind nichts anderes als der Widerschein Deiner Liebe, die Liebe zweier Vögelchen, die Lieben aller Menschen und aller Tiere. Wir sind allein in der Kapelle, während draußen die Wagen der Welt vorbeifahren. In diesem Augenblick habe ich nichts und niemand. Ich bin losgelöst von allem und allein auf der Welt. Und trotzdem besitze ich alles, ich bin glücklich und brauche nichts; nichts wünsche ich. Denn was die anderen in der Liebe suchen, in der Familie, bei Freunden, auf Festen, das habe ich hier. Was der Dichter in der Poesie sucht und der Maler in der Kunst, das bist Du für mich. Was der Diktator in der Macht sucht, der Reiche im Geld und der Trinker im Wein und was auch ich früher vergeblich suchte: alles habe ich jetzt hier. Mein ganzes Leben ist hier, meine ganze Welt und alle meine Liebe. Mir gehört aller Reichtum, mir, der ich nichts mein eigen nenne. Ich habe alle Freude, allen Frieden, alle Schönheit und alle Liebe. Ich bin ganz gefüllt mit diesem allen, ich wünsche nichts mehr. Ich habe Dich und habe alles, denn Du bist der Herr aller Dinge: aller Sterne und aller Länder und aller Wesen dieser Erde.

Meine Leber, mein Hirn und mein Herz, meine Drüsen und alle meine Organe sind geschaffen, um Dich zu lieben. Alle Dinge des Weltalls, alle Poesie, alle Freundschaft, alle Tage und Nächte sind zu Deinem Lob bestimmt.

Ich lebe, um Dich zu lieben mit aller Kraft meines Gemüts, mit meiner Intelligenz und meiner Vorstellungskraft, mit aller Zartheit, deren ich fähig bin, mit aller Empfindsamkeit und allem poetischen Gefühl, das in mir ist. Und auch mit all meinen Leidenschaften und Wünschen und all meiner Heftigkeit und dem ungestillten Wunsch nach Besitz, der früher meiner Liebe zu aller Kreatur innewohnte. Zur Kreatur, die ein Tyrann für mich war: »Die Söhne meiner Mutter zürnten mir und machten mich zur Hüterin von anderen Weinbergen. So konnte ich meinen eigenen Weinberg nicht behüten« (Hohelied 1, 6).

Der unendliche Augenblick

Es gibt Situationen, da fühlt die Seele Seine Gegenwart plötzlich auf eine Weise, die einen Irrtum unmöglich macht, und mit Zittern und Angst ruft sie: »Du bist der, der Himmel und Erde gemacht hat!« Und sie will sich verstecken, will davonlaufen vor dieser Gegenwart und kann es doch nicht, weil sie wie zwischen Wand und Schwert steht, zwischen Ihm und Ihm. Sie kann sich nicht verbergen, weil diese Gegenwart Himmel und Erde überschwemmt und weil sie auch die Seele vollkommen einhüllt. Und die Seele, die ihr ganzes Leben lang dem Glück nachgelaufen ist, ohne es je ganz zu finden, die in jedem Augenblick die Schönheit und die Lust und die Freude gesucht hat und von allem immer mehr und mehr wollte, sie ruft jetzt in Todesangst, ausgelöscht in einem Ozean unerträglichen Glücks: »Es ist genug! Laß mich nicht länger diese Seligkeit spüren, wenn Du mich liebst, sonst sterbe ich.« Sie spürt eine solche Süße in sich eindringen, daß diese Süße Schmerz wird, unendlicher Schmerz, eine unendliche Bitterkeit und eine unendliche Süße. Das ganze dauert vielleicht eine einzige Sekunde, und vielleicht wiederholt es sich im ganzen Leben nicht noch einmal. Die Seele, die aber einmal diese Sekunde erfahren hat, fühlt alle Schönheit und alle Freude und alles Glück dahinschwinden, sie sind »nichts als Dung«, wie die Heiligen sagen (Skybala – »Scheiße«, sagt Paulus), nichts erfreut sie mehr als diese Seligkeit. Von nun an wird ihr ganzes Leben ein Leben des Leidens und der Sehnsucht, weil sie wahnsinnig geworden ist, wahnsinnig vor Liebe und Verlangen nach dem, was sie einmal geschmeckt hat. Und sie würde alle Schmerzen und alle

Folter erleiden, nur um ein zweites Mal noch eine Sekunde, noch einen Tropfen von dieser Gegenwart zu kosten. Freundschaft, Liebe, Wein, Reisen und Feste, alles ist für immer dahingeschwunden, nie mehr wird die Seele eine größere Freude verspüren als die, die sie einmal an sich erfahren durfte.

Der innerste Raum

Alle Menschen nennen eine innere Kammer ihr eigen. Im Innern jedes menschlichen Wesens gibt es einen Raum, einen ganz persönlichen Bereich, zu dem nur Gott Zutritt hat. Aber die meisten Menschen ignorieren das Vorhandensein dieses innersten Raumes, und darum ist ihr Herz leer und ohne Liebe. Denn die menschliche Liebe, nicht einmal die allerheftigste, dringt jemals in diesen Bereich vor. Gott ist es, der draußen steht und darauf wartet, eingelassen zu werden. »Siehe, ich stehe vor der Türe und klopfe an . . .«, heißt es in der Apokalypse.
Alle Menschen hören im Innersten ihres Seins diesen Ruf. Es ist die klagende Stimme, die Nietzsche in seinem Herzen zu hören glaubte und die ihn mit Angst und Schmerz erfüllte. Es ist die Stimme im Hohen Lied der Liebe: »Öffne mir, meine Schwester, meine Gattin, meine Taube, meine Unbefleckte. Mein Haupt ist bedeckt vom Tau und meine Haare vom Reif der Nacht.« Aber die Geliebte antwortet von ihrem Lager: »Ich habe meine Tunika schon abgelegt. Wie sollte ich mich noch einmal kleiden? Meine Füße habe ich schon gewaschen, wie sie noch einmal schmutzig machen?«
Die meisten Menschen hören diese schmerzerfüllte Stimme in der Nacht und ein Klopfen an der Tür. Darum ist ihr Herz voller Trauer. Wir suchen das Glück außerhalb unserer selbst, anstatt der Stimme in unserem Innern zu lauschen. Vielleicht wissen wir, daß wir uns nach innen wenden sollten und tun es nicht, weil wir auch wissen, daß wir vorher durch den Kampf der Lossagung von allen Dingen und sogar der Lossagung von uns selbst hindurch müßten. Gott ruft uns in unserem tiefsten Sein, so tief,

daß wir denken könnten, er wäre außerhalb unserer Seele. Er wohnt aber tiefer als unser Gewissen und unsere Träume.
Wir hassen das Alleinsein. Im Zug, im Wartezimmer oder wo wir auch sind, fürchten wir uns vor dem Alleinsein mit uns selbst, ohne ein Buch, ohne eine Zeitschrift, ohne etwas zu sehen, zu tun oder zu hören. Und währenddessen wartet unser einziger Begleiter, unsere einzige Liebe vor der Tür unseres Herzens.
Der Mensch wurde für die Liebe geschaffen, einzig geschaffen, um seinen Schöpfer zu lieben. Und alle Zeit, die er nicht dieser Liebe widmet, ist vertane und vergeudete Zeit.
Die Liebe ist das einzige Gesetz, das das Weltall regiert. Sie ist das Gesetz, das die Sonne und die Sterne bewegt, wie Dante sagt, weil sie das Gesetz der Kohäsion ist, das alle Dinge zusammenfügt. Die Materie, aus der das Universum gemacht ist, ist Liebe. Jeder Körper im Universum übt eine Schwerkraft auf alle anderen Körper aus. Die Erde zieht alle Dinge an, und diese Dinge ziehen sich untereinander wieder an. Die Erde zieht den Mond an, und die Sonne übt eine Schwerkraft auf die Erde und den Mond und alle Planeten aus. Und alle Sterne ziehen wiederum die Sonne und die Planeten an und die Erde, mit allem, was auf ihr ist. Jedes Partikel der Materie im Universum zieht alle anderen Partikel der Materie an. Sogar von zwei Körpern in einem absoluten Vakuum, ohne irgendeine Verbindung zwischen sich, wissen wir, daß sie sich intensiv anziehen. Liebe heißt Zusammensein. Und die Liebe ist unsere einzige Freude.
Jede Seele, die Gott erschafft, erschafft Er verliebt in sich. Das war die unendliche Unruhe im Herzen Augustinus', bis er endlich verstand, für wen sein Herz schlug und wen er liebte.

Gott ist dieses innerste Gefühl der Einsamkeit in uns und das Wissen, daß es einen Gefährten gibt, der uns von Geburt an begleitet.
Und er ist tief innen in unserer Seele. Dort, wo die Träume wohnen, im Dunkel unseres Unterbewußtseins, in den Tiefen der Persönlichkeit, in diesem intimsten Bereich, der sich keinem mitteilt. An den Quellen der Träume, der Mythen und der Liebe: dort ist der Raum, in dem Gott Wohnung nehmen möchte. Wenn dieser Raum leersteht, dann ist der Mensch von Unruhe, Angst und Überdruß bewohnt. Dann helfen ihm weder Geld noch Besitz, noch alle Schätze der Erde, aus seinem leeren Herzen weht der eisige Wind der Einsamkeit. Und dann kann es geschehen, daß die unterdrückte Seele, so lange der Liebkosung Gottes beraubt, nachts wach wird (vielleicht nach einem Abend voller Vergnügen und Genuß) und erschrocken ist über ihre eigene Leere.

Ruf und Berufung

Das, was wir unter Wirklichkeit verstehen, die Wirklichkeit, die durch die Sinne eingeht, ist wie ein Film in Technicolor. Er ist wirklich, aber eben nur wirklich wie ein Film. Draußen existiert eine andere Wirklichkeit. In diesem Film gibt es Liebe, und er kann uns zum Lachen und Weinen bringen, so daß wir vergessen, daß draußen die Sonne scheint, daß die wirkliche Liebe wartet und die Stimme des Geliebten uns ruft: »Komm, meine Geliebte, vorüber ist die Winterzeit.«

Aber diese andere, eigentliche Wirklichkeit erfahren wir nicht durch die Sinne, sondern im Dunkel des Glaubens. Sie ist wie ein elektrischer Strom, der unsichtbar durch ein Leitkabel läuft. Und die Stimme des Geliebten ist wie unhörbare Radiowellen, die Musik über große Entfernungen leiten.

Wir wollen Gottes Stimme klar; und das ist sie nicht. Sie kann nicht klar und leichtverständlich für unsere Sinne sein. Aber sie ist tief. Es ist eine tiefe, feine und unerklärbare Stimme. Sie ist eine tiefe Beklemmung auf dem Grund unseres Seins, dort wo die Seele ihre Wurzel hat. Es ist eine Stimme in der Nacht. Berufung heißt Ruf und eine Stimme in der Nacht.

Eine Stimme ruft und ruft. Man hört etwas und sieht doch nichts. Wir wollen sie klar wie den Tag, und sie ist doch tief wie die Nacht. Sie ist tief und klar, aber von einer dunklen Klarheit wie Röntgenstrahlen. Und sie dringt bis auf die Knochen.

Die Stimme des Geliebten ist existentiell und nicht verbal. Sie erklingt weder in unseren Ohren noch in unserem Geist, sondern tiefer, dort wo Er wohnt, in unserem tiefsten Sein. Der Ruf ist eine Unzufriedenheit, eine Entzauberung aller Dinge. Er geschieht nicht mit Worten, sondern mit Taten, mit Umständen, mit Wirklichkeit. Er ist nicht oberflächlich, und darum erscheint er uns unklar, weil wir uns nur auf der Oberfläche unserer selbst bewegen, wo man sich mit Worten verständigen kann. Der Ruf aber ist tief, weil Gott auf dem Grund unseres Wesens wohnt. Und Seine Stimme ist ein Schweigen.

Der Ruf Gottes – die Berufung – ist zweifach oder vielfach. Gott ruft uns: »Komm und folge mir.« Es ist ein Ankommen und Weiterschreiten, ein Finden und Weitersuchen. Der heilige Gregor von Nyssa sagt: »Gott finden heißt Ihn unaufhörlich suchen.« Der Ruf Gottes ist ein beharrlicher Ruf, der uns ins Unbekannte, ins Abenteuer, in die Nacht und die Einsamkeit lockt. Es ist ein unablässiger Ruf, immer weiter und weiter zu gehen. Weil Gott dynamisch ist und nicht statisch (wie auch Seine Schöpfung dynamisch ist), heißt zu Ihm gelangen unaufhörlich vorwärtsschreiten. Von Gott berufen sein heißt zum Forscher berufen sein, ist eine Einladung zum Abenteuer.

Gottes Ruf ist wie die Stimme eines Vogels in der Nacht, die ruft und lockt. Und ein anderer Vogel antwortet in weiter Ferne. Er kommt näher heran, und der andere fliegt weiter, ist schon weit fort, immer wieder rufend und lockend. Der folgende Vogel kommt noch näher, doch schon läßt sich der andere in noch größerer Ferne hören. Zuletzt hört man die Stimme des folgenden Vogels auch ganz von weitem. Und beide Stimmen verlieren sich in der Nacht.

Lust, Güte

Die Lust ist ein falscher Gott, der uns lockt: »Gib dich mir hin, und ich will dich satt machen.« Aber dieser Götze kann uns nicht befriedigen, weil unsere Seele größer ist als die Lust. Sie will keine Lust, die nicht unendlich ist. Wir sind zerbrochene Gefäße. Sie will auch keine Schönheit in Grenzen. Und alle Schönheit, die nicht Gott ist, hat Grenzen. »In aller Vollkommenheit sah ich eine Begrenzung«, ruft der Psalmist aus. So erklärt sich dieses Gefühl der Trauer, diese schmerzliche Süße aller schönen Dinge.
Den Tieren genügt diese Erde, und sie brauchen nicht mehr. Der Mensch aber begnügt sich nur mit der Unendlichkeit.
Jeder Instinkt in der Schöpfung will seiner Natur gemäß befriedigt werden, und alle natürliche Notdurft soll auch gestillt werden.
Der Mensch wird mit einem Instinkt für die Unendlichkeit geboren, mit einem Instinkt für Gott, und auch dieser Trieb muß seiner Natur gemäß befriedigt werden. Das ist der »Durst nach unendlichen Illusionen«, wie Ruben Darío sagt.
Alle Abhängigkeit von den Dingen ist Frustration. Eine so tiefe Frustration wie die des Diktators, der seiner Macht beraubt wird. Weil es eine Abhängigkeit von etwas ist, das uns nicht gehört und das wir zu Unrecht beherrschen wollen und das uns einmal weggenommen werden wird.
Wer aber von Gott gekostet hat, den können die Freuden der geschaffenen Welt nicht mehr locken. An einer Festtafel würde uns vor dem schimmeligen Brot ekeln, das

wir mit Heißhunger und Genuß im Konzentrationslager gegessen haben.
Dieser Glanz der Wahrheit, des Wirklichen und Authentischen, der aus allem Geschaffenen erstrahlt und der macht, daß uns die Dinge anziehen, ist der Glanz Gottes. (Er ist unendlicher Glanz, weil Er die Wahrheit ist.) Dieser süße Schimmer der Güte in aller Kreatur, der macht, daß wir die Welt lieben, ist der Widerschein der Güte Gottes.
Von Ihm nehmen alle Sterne und alle schönen Dinge dieser Erde ihren Glanz. Er ist in allen Dingen gegenwärtig und erleuchtet sie ohne sie zu verbrennen, wie das Feuer im Dornbusch, das Moses sah.
Beim Anblick alles Schönen, eines schönen Menschen, einer schönen Landschaft, sollen wir an die Schönheit Gottes denken, der alles erschaffen hat. Wir sollen uns uneigennützig daran erfreuen, ohne sie selbst besitzen zu wollen und sie damit ihm wegzunehmen, weil diese Schönheit ein Tribut an Ihn ist. Du lebst für Gott und Gott für dich. Freue dich an aller Schönheit, weil sie ein Lobgesang auf den Geliebten ist und darum auch ein Lobgesang auf dich. Er ist dein, und du bist Sein.
Die Erde ist überall schön: in Nicaragua wie in Venedig, in Kentucky wie in der Sahara. Alle Landschaften der Welt sind schön: das Meer, die Wüste und die Wälder, die Steppe, die Seen und die Berge, der Wendekreis und die Arktis. Überall ist Gott und umhüllt uns mit seiner Schönheit und Poesie. Durch unsere Augen und durch alle Sinne unseres Körpers läßt Er die sichtbare Schönheit, durch Ihn geschaffen, in uns eingehen. Und alles ist nur ein Widerschein und ein Abglanz Seiner Pracht und Herrlichkeit.
Alle Schönheit Deiner Erde, Gott, ist voll Verzauberung, und alle Deine Geschöpfe sind verführerisch. Aber wie

sollten wir nicht all dieser Herrlichkeit widerstehen, um Dich zu besitzen, der Du doch viel mehr bist als alles dies? Wenn uns die Welt schon so entzückt, wie sollten wir nicht brennen, wenn wir Dich von Angesicht zu Angesicht schauen?

Ich würde zu Fuß bis ans Ende der Welt laufen, wenn ich Dich dort finden würde. Aber Du bist nicht am Ende der Welt, sondern in mir.

Alle Blicke der Liebe dieser Welt sind in Deinem Blick, und Deine Augen sind in meine Augen getaucht durch alle Ewigkeit hindurch, durch alle Ewigkeit hindurch sehen sie mich an.

Zweiheit

Wer Gott liebt, möchte mit Ihm allein sein, wie ein junges Paar allein sein möchte, ohne von den anderen gestört zu werden, denn alle anderen Menschen sind wie Fremde für sie. Darum ziehen sich die, die Gottes Liebe einmal gespürt haben, gern in die Einsamkeit und die Stille zurück.

»Ohne Liebe kann die Seele nicht leben«, sagt die heilige Katharina von Siena. Wer nicht Gott liebt, liebt andere Dinge. Und wer Gott liebt, liebt ihn mit der gleichen Liebe, mit der er früher alle anderen Dinge liebte. Wer nur noch Gott liebt, liebt Ihn mit einer Liebe, mit der er früher Tausende von Dingen geliebt hat. Er liebt Ihn mit der unermeßlichen Kraft dessen, der nur einen einzigen Gegenstand im ganzen Universum liebt und seine ganze Liebe auf ihn konzentrieren kann.

Liebe bedeutet, daß ein anderer in uns wohnt. Liebe ist eine Gegenwart. Wir fühlen, daß wir einem anderen gehören und der andere uns. Liebe heißt, sich zwei fühlen, spüren, daß man selbst zwei ist. Liebe bedeutet, sich geliebt fühlen, die Gegenwart eines anderen wahrnehmen, der einen liebt und einem zulächelt. Lieben heißt, der andere sein wollen, wissen, daß man der andere ist und daß der andere man selbst sein will und man selbst ist. Es bedeutet, von sich selbst leer und voll vom anderen sein. Wenn wir den Geliebten ansehen, verwandelt sich die ganze Seele in Blick. Wenn wir seufzen, gießt sich die ganze Seele in den Seufzer. Man weiß sich zwei und fühlt sich identifiziert mit allen Paaren: mit zwei Liebenden, zwei Wolken, zwei vorüberfliegenden Tauben, zwei Sternen..

Meine Einsamkeit und mein Seufzen in der Nacht fiel immer ins Leere, fand nie ein Echo. Ich war allein. Jetzt hat mein Rufen ein Echo gefunden, da ist jemand, der mich hört. Ich kann ihn nicht sehen in der Dunkelheit und auch nicht hören, aber fast spüre ich in meinem Innern, tiefer innen als ich selbst, Seinen Atem.

Und dieser Jemand bist Du. Ich verstehe Deine Liebe und weiß, wie Du mir alles verzeihst. Denn auch ich, genau wie Du, habe geliebt, andere Lieben, und auch ich verzieh alles – sieben mal siebzig Mal. Ich kenne Deine Reaktionen, weil ich die Psychologie des Verliebten kenne. Meine früheren Lieben haben mich gelehrt, was diese Liebe bedeutet. Ich weiß, wie Du mich liebst, denn auch ich habe geliebt und weiß, was Leidenschaft und Besessensein ist und Verrücktsein nach jemand. Und Du bist verrückt nach mir und liebst mich mit Besessenheit.

Du liebst mich mit allen meinen Schwächen, mit allen Fehlern, geerbten wie dazuerworbenen, mit meinem Wesen gerade so, wie es ist, mit meiner Überempfindlichkeit und meinem Temperament, mit meinen Angewohnheiten und meinen Komplexen. Du liebst mich, wie ich bin.

Eines Tages blieb die Tür zu meiner Seele offen. Oder jemand, der nicht mehr ich bin, hat den Schlüssel und geht ein und aus, wie es ihm paßt.

Sexualität der Mönche

»Das Himmelreich ist wie ein König, der seinem Sohn ein Hochzeitsmahl bereitet . . .«
Im Himmel gibt es keine Ehen, sagt Christus. Das heißt, im Himmel wird es keine Ehen zwischen den einen und anderen geben, weil keine Generation und keine Vermehrung mehr nötig ist. Der mystische Leib ist dann vollständig. Und es wird nur noch eine Ehe geben: die Hochzeit des Lammes.
Der Himmel ist Ehe, während die Hölle verschmähte Liebe ist. Die menschliche Ehe ist nur ein Abbild, eine »Typologie« des Himmels.
Das Geschlecht ist ein Symbol der göttlichen Liebe. Der Sexus ist Symbol und Sakrament, und alle Herabwürdigung ist Sakrileg. Und als Sakrament und Symbol bedeutet er mehr als seine tatsächliche Wirklichkeit. Er ist eine Realität, die eine andere höhere Realität symbolisiert, er ist ein Zeichen. Und das, was dieses Zeichen bedeutet, ist die göttliche Liebe. Darum hat ein Karthäuser gesagt, daß wir Mönche, gerade weil wir wissen, was Liebe bedeutet, der Liebe entsagt haben.
Das Hohelied wird ursprünglich ein Lied auf die menschliche Liebe gewesen sein, aber die göttliche Eingebung verwandelte es in eine ganze Symbolik der göttlichen Liebe. Alle geschlechtliche Liebe ist ein Symbol dieser Liebe. In Wirklichkeit ist jeder Dichter, der seine Geliebte besingt, ist alle Liebesliteratur der Welt und alle menschliche Liebe (sogar die irrationale Liebe der Tiere und die Befruchtung der Pflanzen und die Kraft der Kohäsion der unbelebten Materie) Gestalt und Typologie der göttlichen Liebe.

Die Ehe hat so viel Anziehungskraft und ist so unwiderstehlich und so göttlich für uns, weil sie ein Bild der Liebe Gottes ist. Gott lieben heißt Gott besitzen. Und Gott lieben heißt, sich mit Ihm verheiraten.

Man nimmt im allgemeinen an, daß da ein Dilemma besteht: entweder Ehe oder sich Gott weihen. Dabei ist die Hingabe an Gott eine Ehe, und wer Gott liebt, »heiratet«, wie der heilige Bernhard sagt.

Die Sexualität der Mönche ist gekreuzigt und wieder auferstanden. Sie besteht, aber sie ist umgeformt. Ein Mönch ist eine reine Leidenschaft, er ist nichts als Passion und Wahnsinn der Liebe.

Alles religiöse Leben ist nur eine Frage der Liebe.

Der Mönch entsagt der Welt und ihrer Kreaturen nicht, weil sie böse sind, sondern ganz im Gegenteil, weil sie gut und schön sind. So gut und schön, daß sie es fertigbrachten, ihn in ihren Schöpfer verliebt zu machen, denn wir kennen die Schönheit des Schöpfers nur durch die Schönheit Seiner Geschöpfe. Es gibt keine andere Art, Seine Schönheit zu erfahren.

Wir verzichten nicht auf menschliche Schönheit und menschliche Liebe, weil wir sie für nichtig erachten, sondern weil sie in uns das Feuer Seiner Liebe entzündet haben. Ist Gott nicht der Erfinder des Geschlechtes und aller Liebkosungen und der Schöpfer der Leidenschaft und der Wollust? Der Schöpfer aller Dinge ist kein unfruchtbarer Gott. Bei Jesaja heißt es: »Soll ich den mütterlichen Schoß öffnen, damit Söhne geboren werden oder soll ich ihn verschließen? Denn ich bin es, der gebären macht, spricht dein Gott.«

Gott ist ewig jung und neu. Seine Werke sind immer frisch, und die Welt erwacht jeden Morgen wie neu erschaffen durch Ihn. Jedes Morgenrot ist ein neues »Es werde Licht« und hat die gleiche Frische und Ursprünglichkeit wie der allererste Sonnenaufgang. Für Ihn hüpfen die Füllen vor Freude am Morgen, für Ihn schnäbeln die Tauben und singen die Amseln: »Gott, der mich erfreut von Jugend auf.« Die Unschuld und der Zauber der jungen Mädchen kommt von Ihm, dem Brunnen aller Jungfräulichkeit und aller Fruchtbarkeit.

Und Er ist die einzige Liebe, die nicht alt wird und nicht untreu und die nie stirbt.

In allen unserem Wünschen und Trachten steckt eine große Dosis Energie, Leidenschaft und Feuer. Welch eine Kraft muß dann in einer Seele stecken, die all diese Energie nur auf einen Wunsch und auf eine Liebe konzentriert!

Leidenschaften, Gelüste, Instinkte und Affekte, alle Sehnsucht des menschlichen Herzens sind der Brennstoff der Liebe zu Gott. Tatsächlich ist der ganze Mensch Brennstoff. Und die Liebe, mit der Gott uns wiederliebt, hat die gleiche Wirkung wie ein Kanister Benzin, der ins Feuer gegossen wird.

Wenn wir uns von der geliebten Person wiedergeliebt wissen, wächst unsere Liebe zu ihr. Nichts facht die Liebe so an wie die Gegenliebe des Geliebten, und je mehr wir die Liebe in unserem Partner zu wecken imstande sind, um so mehr wecken wir auch unsere eigene Liebe. Je mehr wir an den Gegenstand unserer Liebe denken und je heißer wir ihn lieben, desto mehr werden wir von ihm durchdrungen, bis wir nichts anderes mehr sind als eine einzige Flamme der Liebe.

Alle Zellen unseres Körpers, alle Partikel unseres Seins sind hochzeitlich, weil wir für eine Hochzeit geschaffen wurden. Was Freud die »Libido« nennt, ist der Brennstoff in den Lampen der klugen Jungfrauen, die auf den Bräutigam warten.

Die heilige Maria Magdalena de Pazzi rannte durch die

Gänge ihres Klosters und schrie: »Liebe, Liebe, wißt ihr, Schwestern, daß Jesus die Liebe ist und daß er verrückt ist vor Liebe zu uns?«

Wer einmal wahnsinnig verliebt war, kann sich ein Bild von der göttlichen Liebe machen. Die menschliche und die göttliche Liebe sind gleich, nur der Gegenstand ist ein anderer.

Die Jugend ist das beste Alter, sich Gott zu schenken, weil es die Zeit der Liebe und der Illusionen ist, der Liebe des Mannes zur Frau, die Zeit des Frühlings und der Poesie. Die Hingabe an Gott ist eine Hingabe aus Liebe. Je mehr Hoffnungen und Illusionen wir im Herzen hegen (»ein unendlicher Hunger nach Illusionen«) und je größer unsere Liebe ist zu dem, was wir hinter uns lassen, um so größer ist die Gabe, die wir Gott darbringen, um so größer auch die, die wir empfangen. Welche Gabe bringt schon der, der vom Leben enttäuscht ist? Gott verlangt nach Jugend und Feuer und Leidenschaft. Er will das von uns, was wir sonst nur in der Ehe geben würden, weil Seine Liebe Ehe ist.

Diese Ehe besteht zwischen der ganzen Kirche und Christus, gleichzeitig aber auch zwischen jeder einzelnen Seele und Ihm, weil in jeder Seele die ganze Christenheit vereint ist wie der ganze Leib Christi in jedem Stück verwandelten Brotes. So ist die Höhle eines Einsiedlers die ganze kämpfende, leidende und triumphierende Kirche. In jeder Seele, die sich mit Christus vermählt, ist der ganze Christus, und da in Christus alle Menschen vereint sind, lebt in jeder Seele zugleich mit Christus die ganze Menschheit oder wie der heilige Augustinus sagt »der vollständige Christus«.

»Das Himmelreich ist wie ein König, der seinem Sohn ein Hochzeitsmahl bereitet.« Aber die ersten Geladenen kamen nicht; wir sind die zweiten, die Blinden und Lahmen aus den Gassen. Wer mögen die ersten gewesen sein? Vielleicht waren die Großen dieser Welt damit gemeint: die Präsidenten und Premierminister, die Bankdirektoren und Filmsterne, die Führer und großen Bosse, die Bestsellerautoren, die Männer mit eisernem Willen, die Führungspersönlichkeiten, die Männer, die Geld machen und große Taten vollbringen. Sie wiesen die Einladung zur Hochzeit zurück, weil sie alle gerade Wichtigeres zu tun hatten. Sie mußten früheren Verpflichtungen nachkommen und andere Verabredungen einhalten. Sie hatten soviel unaufschiebbare Korrespondenz, daß sie die Einladung übersahen, oder sie heirateten selbst gerade zur gleichen Zeit.

Lossagung

Den Schöpfer suchend, wenden wir uns den Geschöpfen zu wie der Schmetterling, der gegen eine Scheibe stößt. Denn die Schöpfung ist durchsichtig wie Glas und der Glanz Gottes scheint durch sie hindurch.
Wir wenden uns nach außen, weil uns die Schönheit der Dinge anzieht und merken doch nicht, daß alles nur Widerschein der wirklichen Schönheit ist. Denn die eigentliche Schönheit ist in unserem Innern. So entfernen wir uns paradoxerweise umso mehr von der Schönheit je mehr wir sie suchen, weil sie genau in der entgegengesetzten Richtung liegt, in der wir sie zu finden hoffen.
Es geht nicht an, sich zuerst mit Gott vereinigen zu wollen und danach alle Dinge fahren zu lassen. Zuerst kommt die Entsagung, dann die Vereinigung. Gott kann sich nicht mit uns verbinden, solange wir nicht wollen, wie ein Mann sich nicht mit seiner Geliebten vereinen kann solange sie einen anderen liebt. Aber Gott geht im gleichen Augenblick in die Seele ein, in dem sie anfängt, Ihn zu lieben. Das vollzieht sich ganz automatisch. Wenn die Seele aufhört, die Welt zu lieben, bleibt sie nicht im Leeren hängen – es gibt keine Leere –, sondern fällt gleich in den bodenlosen Abgrund der Liebe Gottes. Ganz automatisch wird dann die Seele von Gott umfaßt und umschlungen.
Wie man keinen Wein in ein Gefäß füllen kann, ohne es vorher zu leeren, so kann auch die Seele nicht mit Gott gefüllt werden, solange sie sich nicht von allem anderen freimacht.
Aber bevor wir Gottes Umarmung empfangen, müssen wir durch jene qualvolle Enge der Lossagung von allen

Dingen. Alles Wünschen und alles Begehren der Seele muß sich erst losreißen von der Welt, an die sie sich hartnäckig wie mit Saugnäpfen anklammert. Erst dann bleiben ihre Arme frei zur Umarmung mit Gott.

Immer treibt es die Liebe zur Vereinigung mit dem geliebten Gegenstand, und darum verbindet sich Gott, der uns schon die ganze Ewigkeit hindurch geliebt hat, unverzüglich mit der Seele, ohne noch eine Sekunde zu warten, im gleichen Augenblick, in dem kein Hindernis mehr besteht zwischen dem, der Ihn liebt, und dem, den Er liebt.

Die Lossagung von allen Dingen kann sich langsam vollziehen, durch Jahre hindurch, sie kann aber auch in einem einzigen Augenblick geschehen. Aber im gleichen Moment, in dem die Seele leer geworden ist, losgelöst von der ganzen geschaffenen Welt, dringt Gott mit Ungestüm in sie ein. Dann wird sie von Gott überschwemmt, weil es, wie der heilige Johannes vom Kreuz sagt, keine Leere im Universum gibt. Sich leermachen heißt, ganz von Gott voll werden.

Es genügt aber schon, daß noch eine kleine Liebe, eine kleine Anhänglichkeit in der Seele zurückbleibt, so kann Gott nicht in sie eingehen. Wenn nämlich nur ein einziges irdisches Begehren zurückbleibt, dann sind alle Saugnäpfe der Seele daran festgekrallt, weil die Seele nicht leben kann, ohne zu umarmen. Es bleibt nichts anderes übrig, als zuerst diese Agonie der Loslösung zu durchschreiten, um in Gott fallen zu können. Zuerst müssen wir sterben. Wenn wir uns ohne Reserven Gott geben, gibt Er sich uns auch ohne Reserven. Das Opfer ist übergroß. Aber auch der Preis ist suprem: es ist ein Tausch aller privaten, endlichen und flüchtigen Schönheit gegen die absolute, unendliche und ewige Schönheit.

Die Reise zu Gott ist wie ein Weltraumflug, der immer

schwieriger wird, je mehr sich die Rakete von der Schwerkraft der Erde befreit, aber in dem Augenblick, in dem sie die Grenze dieser Schwerkraft überschreitet, wird sie immer leichter und leichter, und die Anziehungskraft des neuen Planeten, zu dem die Rakete aufgebrochen ist, wird immer wirksamer.

Die unerschöpfliche Quelle

Die Natur ist ihrem Wesen nach Religion. Der Sternenhimmel ist ein Gebet und jede Landschaft eine Anrufung. Die Grillen sprechen uns genauso von Gott wie die Sterne, und Grillen wie Sterne schreien uns in die Ohren, daß Er sie schuf.

Das ganze Weltall wartet auf seine Wiedervereinigung mit Gott, aus dem es hervorging. Fern von Gott sind alle Dinge wie zerstreut und suchen deshalb die Vereinigung mit anderen Dingen. Das Gesetz der Liebe ist das einzige physische und biologische Gesetz des Universums und auch das einzige moralische Gesetz. (»Ein neues Gebot gebe ich Euch: daß ihr euren Nächsten liebet, wie ich euch geliebet habe.«)

Alle natürlichen Wünsche des Menschen wie Essen, Liebe und Freundschaft sind ein einziger Wunsch, sich miteinander und mit dem ganzen Weltalle zu vereinen. Diese kosmische Kommunion vollzieht sich aber nur in Christus. »Wenn ich in den Himmel aufgenommen werde, ziehe ich alle Dinge hinauf zu mir.« Wenn Christus zum Vater zurückgekehrt ist, sind wir alle mit Ihm zurückgekehrt. Dieses kosmische Zurückfinden ist das, was uns Christus im Gleichnis vom verlorenen Sohn klarmachen wollte.

Wir sind aus dem Schoße Gottes ausgegangen, in dem wir so fest verwachsen waren wie der Embryo im Mutterleib. Wir alle sehnen uns danach, zu Gott zurückzukehren, wie man zur Mutter zurückkehrt.

Bis das geschieht, rufen wir nach Gott, wie das verwaiste Kälbchen nach seiner Mutter schreit und wie die Kuh nach dem Kälbchen muht, das man ihr weggenommen hat.

Es zieht uns hin zu Ihm wie die Motte zum Licht. Wir sind wie Fische, die nachts, angelockt von der Fackel des Fischers, der mit dem Netz auf sie wartet, an die Oberfläche des Meeres steigen, und wie das Wild, das vom Licht des Jägers, der mit dem Gewehr auf Anschlag steht, geblendet ist.

Die Seele wird verliebt geboren, und kaum öffnet sie die Augen, so sieht sie überall den Widerschein dessen, den sie liebt, aber nicht den Geliebten selbst. Darum machen sie alle Dinge verrückt vor Liebe.

Alle Dinge haben für uns eine Anziehungskraft und bereiten uns gleichzeitig eine Enttäuschung. Sie ziehen uns an, weil sie ein Abglanz Gottes sind, und enttäuschen uns, weil sie eben nur Abglanz, aber nicht Gott selber sind.

Es gibt nichts Häßliches in der Schöpfung. Es gibt nur Schönheit oder relatives Fehlen der Schönheit, eine relative Abwesenheit des Widerscheins Gottes.

Alle Dinge sind mehr oder weniger intensiv in Schönheit gebadet oder von ihr beleuchtet, wie in einem verschwommenen, wäßrigen Licht, das alles bedeckt.

Aber Gott ist diese Schönheit konzentriert und nicht verschwommen und verwässert. Er ist die Quelle dieses Lichts.

Die Dinge tragen Elemente der Schönheit in mehr oder weniger starkem Maße in sich, aber sie sind nicht diese Schönheit selbst. Gott ist dieses Licht, das die Dinge in Schönheit taucht. Er ist nichts als Schönheit. Darum erscheint dem, der einmal von Gott gekostet hat, alle andere Schönheit so fade und ungenügend. Aber alle Freude bringt uns zu Gott, dem Quell aller Freude und aller Schönheit.

Alle sichtbare Schönheit ist wie ein Rinnsal, an dem entlang wir den Weg zur Quelle finden, oder wie eine Goldader, die uns bis zur Mine führt.

Das Lachen der Kinder, alle Blumen und Fische und Sternschnuppen sind nur ein flüchtiges Aufleuchten der Schönheit; kaum aus Gottes Schoß hervorgegangen, tauchen sie schon wieder in die unermeßliche Tiefe zurück, aus der sie gekommen sind. Warum also suchen wir diese vergänglichen Schönheiten und nicht die unerschöpfliche Quelle, den Ausgangspunkt dieser unzählbaren Funken und Splitter, die einmal aufleuchten und sofort wieder untergehen?

Die Dinge haben ihre reale Existenz in Gott. Alles Geschaffene hat diese Existenz in Gott. Was wir als Wirklichkeit empfinden, ist wie der Schatten der Dinge, die in Gott sind. Unsere Realität ist so irreal im Vergleich mit der anderen, wirklichen, wie ein Farbfoto irreal im Vergleich mit der Wirklichkeit ist.

Ein Schmetterling, der Schnee, die Berge, alles ist der Widerschein einer göttlichen Perfektion, die in Gott im höchstmöglichen Maße existiert. In Gott lebt ein unendlicher Schmetterling, ein unendlicher Schnee und unendliche Berge, Prototypen dessen, was wir hier sehen und gleichzeitig die innerste Essenz Gottes, Gott selber. Auf Erden ist alles begrenzt, endlich, zufällig und persönlich, in Gott aber sind dieser Schmetterling, dieser Schnee und diese Berge konzentriert ein einziges unendliches Ding. Da Gott unendlich und darum alle Dinge in einem ist, sind alle Dinge das gleiche, einfache Ding, das Gott ist. Gott flimmert durch die Materie hindurch, obwohl Er unendlich weit von der Materie entfernt ist und obwohl die Materie undurchsichtig ist und aus groben Atomen besteht. Der Widerschein der einzigen Schönheit läßt hier und dort Schönheiten aufleuchten: das blaue Meer, die Schönheit eines Menschen oder eines Reihers oder eines grünen Tropenflusses, der im Abendlicht träge unter den Palmen dahinfließt.

Wie wird das Schauen dieser Schönheit an sich sein, ohne Schleier, von Angesicht zu Angesicht, nicht mehr zurückgespiegelt in der Materie, sondern konzentriert in Gott? Dort werden wir die Schönheit, die wir hier im Meer, im Schnee und im Reiher gesehen haben, schauen, aber nicht verstreut in flüchtigen Reflexen, sondern zusammengebündelt, konzentriert in einem Gegenstand und in einem Wesen.

Das sind die verstreuten Blätter aus dem Buch der Welt, von denen Dante im letzten Gesang spricht, die von der Liebe zusammengetragen, in einem einzigen Buch gebündelt sind.

Das ist der Lichtstrahl, in dem der heilige Benedikt in seiner Ekstase das gesamte Weltall konzentriert sah.

Das Flugzeug, das die Wolken durchpflügt, das Auto, das die Landstraße entlang saust, der Wald, die Blumen, die Mädchen und die Göttliche Komödie, alles, was existiert, hat eine ewige Existenz in Gott. Aber in Gott sind es keine verschiedenen und individuellen Dinge wie in ihrer gegenwärtigen Wirklichkeit als Geschaffenes, sondern eine einzige Essenz, die persönliche Essenz Gottes, sind Gott. Hier bestehen die Dinge einzeln: eine Blume, die Liebe, ein Gedicht, ein Musikstück. In Gott sind Blume, Liebe, Gedicht und Musik ein unendlicher, reiner Akt.

Die Betrachtung Gottes ist eine Zusammenfassung und eine Synthese aller geschaffenen Dinge. Alles aber muß erst vergehen, ehe es zu seinem Ursprung zurückkehren kann, zur Einheit aller Dinge, die Gott ist. Alles müssen wir hinter uns lassen – auch uns selbst, die wir auch ein Teil dieses Alles sind –, um zum Alles zurückzukehren. Nur wenn wir uns selbst sterben, finden wir unsere eigentliche Identität, weil unsere Identität nicht in uns ist, sondern im Alles. Unsere Mitte ist Gott, der auch die Mitte aller Dinge ist.

Übereinstimmen, eins sein mit allen Dingen heißt, sich selbst finden, und sich selbst finden heißt, sich mit allem Geschaffenen vereinigen. Sich hingeben, ist sich finden, und sich verlieren, ist sich wiedererlangen. (»Wer seine Seele rettet, wird sie verlieren, und wer sie verliert um meinetwillen, der wird sie finden.«)

Unser Ich ist Einsamkeit, und wer sich wehrt, zu leiden und zu sterben, wer sich nicht hingeben, sondern er selbst bleiben will, der bleibt außerhalb der Einheit aller Schöpfung, außerhalb Gottes (»Wenn das Weizenkorn nicht abstirbt, bleibt es allein . . .«).

Strukturen

Wie sich in einem Kunstwerk die Persönlichkeit des Künstlers ausdrückt, so widerspiegelt sich in der innersten Struktur aller geschaffenen Dinge die Persönlichkeit Gottes.

Die ganze Natur trägt ein Gütezeichen, das ist die Fabrikmarke Gottes. Eine gestreifte Muschel, die Zeichnung im Fell des Zebras, die Maserung des Holzes und die Adern eines trockenen Blattes, die Linien auf dem Flügel einer Libelle und die Spur der Sterne auf einer fotografischen Platte, die Zellen eines Lilienblattes, die Struktur der Atome und der Galaxien: alles trägt den Fingerabdruck Gottes.

Es ist ein Stil in allem, der Stil Gottes; man kann erkennen, daß alles vom gleichen Künstler geschaffen wurde.

In allem Geschaffenen besteht eine Vielheit in der Einheit. Alles ist gleichzeitig verschiedenartig und ähnlich.

Jedes Wesen hat seine eigene Art, es ist es selbst und nicht irgendein anderes, aber zur gleichen Zeit gibt es Millionen und Abermillionen identischer Wesen, ob es sich nun um ein winziges Urtierchen oder um Sterne handelt.

Jedes Ding hat seine ganz persönliche Art von Streifen oder Flecken oder Punkten oder Adern: die Raupe und die Tonvase, das Chamäleon und die Bilder von Klee oder ein Perserteppich, der Schaum des Meeres, die Stalaktiten und die schimmernde Maserung eines Achats, das Holz und der Marmor, die Schalen der Foraminiferen und das Skelett der Radiolarien.

Alles trägt den Fingerabdruck Gottes, der genau wie die Linien unserer Finger in der Zeichnung gleich und doch auch verschieden ist. Das ist der Stempel der Dreifaltig-

keit, eines Gottes, der drei und eins ist, unendliche Vielfalt in der unendlichen Gleichheit und unendliche Gleichheit in der unendlichen Vielfalt.
Genau wie Gott, der sie schuf, sind alle Wesen eins und viele gleichzeitig, von der Galaxis bis zum Elektron.
Es gibt keine zwei gleichen Raupen noch zwei gleiche Atome, noch zwei gleiche Sterne, auch wenn diese uns am nächtlichen Himmel alle ähnlich erscheinen. Und trotzdem ist alles identisch. Die Poesie ist nichts anderes als die Entdeckung dieses Schnittmusters, dieser Gleichheit in der Zeichnung, die sich durch alles Geschaffene zieht. Sie ist das Erkennen, daß alle noch so verschiedenen Dinge gleich sind: »Die Berge hüpfen wie Böcke und die Hügel wie Lämmer . . .« und: »Dein Haar gleicht einer Ziegenherde, die sich herab am Gileadberg lagert.«

Sünde, Unfreiheit

Der Chor der Frösche und Grillen in einer Mondnacht, die Stimmen und Töne aller Tiere: ein Hahn, der in der Ferne kräht, das Muhen einer Kuh und das Bellen der Hunde und alle anderen geheimnisvollen Stimmen der Natur haben die gleiche Bedeutung wie die Meßgesänge der Mönche, sie sind Psalmen in einer anderen Sprache, sind auch Gebet.

Die Vögel bitten Gott, wenn sie singen, um ihr tägliches Brot, und daß Sein Wille geschehen möge im Himmel wie auf Erden, und sie segnen Seinen Namen. Alle Tiere beten auf ihre Weise das Vaterunser.

Und auch jedes Kunstwerk ist ein Gebet, es preist Gott ebenso wie die Sterne, die jede Nacht einen Lobgesang Seiner Herrlichkeit anstimmen. Alle Kunst ist eine Lobpreisung Gottes. Dabei muß es sich nicht um religiöse Kunst handeln, denn alle Kunst ist in sich religiös. Für einen Christen gibt es nichts Profanes: weder die sinnliche Liebe ist profan noch der nackte Körper, denn alles wurde von Gott geschaffen, und alle Werke Gottes sind heilig.

Gottes Heiligkeit bekundet sich in allen Dingen, sogar in den blanken Pupillen der Schweine.

In der Natur ist alles rein, der Auswurf eines Tuberkulosekranken ebenso wie die klaren Wasser der Karibischen Inseln. (Und darum trank die heilige Katharina von Genua Eiter und küßte der heilige König Ludwig die Wunden der Leprakranken.) Ein Wurm ist nicht weniger rein als ein Reiher. Alle Materie ist rein und heilig, weil sie aus den Händen Gottes entsprang. Alles ist rein, außer der Sünde. Alles ist pur, sauber, unbefleckt in der Natur, nur der Sündenfall des Menschen nicht. Eine Landschaft ist rein, weil weder Habgier noch Unordnung in ihr wohnen wie im gefallenen Menschen. Die Tiere sind rein, weil sie weder Stolz noch Unzucht kennen. Und wenn ein Mensch heilig ist, wenn weder Habgier noch Unordnung, noch Stolz, noch Unzucht in ihm wohnen, dann wird seine vernunftbegabte Seele so rein wie die Wälder und die Seen, wie die Würmer und die Reiher.

Ein Tier oder ein Baum sind das exakte Abbild eines Gedanken Gottes. Und ein Gedanke Gottes ist Gott selbst, denn alles, was in Ihm ist, ist auch Sein Wesen. Alles Geschaffene ist eine getreue Botschaft, die ohne Wortverdrehung genau das ausdrückt, was Gott sagen wollte. Alle Materie ist perfekter Gehorsam. Jeder Gegenstand führt mit seinem Dasein genau das aus, was Gott von ihm wollte. Jeder Stern ruft, wie der Prophet Baruch sagt: »Hier bin ich.« Alle irrationalen Dinge sind der erfüllte Wunsch Gottes.

Auch der menschliche Körper ist rein und kann nicht sündigen. Nur der Wille des Menschen kann sündigen, und wenn der Wille zur Sünde fehlt, besteht auch keine Sünde.

Da Gott allgegenwärtig ist, machen wir Ihn – die unendliche Unschuld – wenn wir sündigen, zum Betrachter und gezwungenen Komplizen unserer Schuld und gleichzeitig zu ihrem Opfer. Und das ist es, was die Sünde zur Sünde macht.

Sündigen heißt Gott tyrannisieren. Aber sündigen heißt gleichzeitig uns selbst, zusammen mit Gott, tyrannisieren. Der Verdammte hat sich ein Leben lang selbst tyrannisiert und beging damit sich selbst gegenüber eine himmelschreiende Ungerechtigkeit. Die Sünde ist nicht Freiheit, sondern Sklaverei, sie macht uns aber glauben, sie wäre Freiheit, genauso wie die Propaganda der Diktaturen, die verbreitet, sie seien die »Regierung des Volkes«. Viele denken, sie sind frei, weil sie machen können, was sie wollen, und merken doch nicht, daß sie ihre Diktatur in sich selbst tragen. Und es ist diese Diktatur, die ihren Willen lenkt und sie veranlaßt, das zu tun, was sie eigentlich gar nicht tun wollten, obwohl sie glauben, daß sie es wollten. Darum bereuen sie dann, was sie tun, weil sie das tun, was sie nicht wollen, und nicht wollen, was sie tun. Sie glauben, sie seien frei, weil die Diktatur so ganz aus ihrem Innern ausbricht. Der Tyrann steht so im Mittelpunkt ihres Seins, daß sie denken, sie wären selbst der Tyrann, und sind doch nichts anderes als Sklaven.

Wenn so ein Mensch, dessen eigener Wille tyrannisiert ist, ein Volk regiert, dann ist dieses Volk von einer Diktatur beherrscht. Die Habsucht, die Hoffart, die Grausamkeit und der Haß, die den Tyrannen tyrannisieren, beherrschen dann auch das Volk und sind der eigentliche Premierminister oder Präsident dieses Landes.

Armut

Adam im Paradies war nackt. Also ist die Armut der eigentliche paradiesische Zustand. Adam war arm wie die Tiere, wie der heilige Franz von Assisi und wie Christus. Nach dem Sündenfall konnte der Mensch nicht mehr nackt sein, die Kutte der Mönche jedoch ist der paradiesischen Nacktheit am ähnlichsten.

Armut ist auch Wahrheit, während Reichtum alle Arten von Verkleidung sein kann. Wir kleiden uns mit Äußerlichkeiten, um die Nacktheit unserer Seele zu vertuschen. Falschheit und Reichtum sind Synonyme.

Reichtum ist Verfälschung der Dinge. Ein reichgeschmücktes Kleid, ein teures Haus sind eine Verfälschung der ursprünglichen Echtheit der Materialien, eine Auskleidung der natürlichen Einfachheit der Dinge, ein Betrug.

In der Armut liegt ein Glanz verborgen, der Glanz des Authentischen. Ein reicher Gegenstand ist immer unrealer als ein armer. Darum sagte Henry David Thoreau, daß es wichtig für einen Menschen sei, mit einer geflickten Hose auf die Straße gehen zu können. Dieser Glanz der armen Dinge – aus Ton, aus Stroh, aus grobem Leinen, aus ungemaltem Holz, das Grobe, das Rauhe, das Ungehobelte, das Rustikale – ist der Glanz der nackten Materie, ist wie das Leuchten eines nackten Körpers. Es ist das gleiche Leuchten wie in einem wirklichen Kunstwerk, seiner Struktur und seiner Farben.

Wenn der Mensch seine Unschuld nicht verloren hätte, würde er weiterhin nackt herumlaufen. Darum waren der einzige Besitz des heiligen Franz eine Unterhose, ein Sack und ein Strick (und selbst von diesen trennte er sich zuweilen).

Die Falschheit des Reichtums besteht darin, daß wir das, was wir haben, mit dem verwechseln, was wir sind. Wir denken, wir wären mehr, wenn wir mehr haben. Wir kaufen einen schicken Wagen und denken, dieser Wagen wäre nun ein Teil unserer selbst, wie ein weiteres Glied unseres Körpers. Darum sagte der heilige Augustinus, sich vom Reichtum zu trennen sei so schwer, wie sich von einem Glied seines Körpers zu trennen. Wenn die anderen unseren Wagen bewundern, fühlen wir uns, als ob sie uns selbst bewunderten. Wir betrachten die Dinge, die uns gehören, als ob sie ein Teil unserer selbst wären, wie eine Schnecke, die ein Haus mit sich herumschleppt, das nicht ihr eigenes ist. Und darum ist Besitz eine Verfälschung unserer selbst.

Der Reiche denkt, das, was er besitzt, ist er selbst. Er prahlt damit, um bewundert zu werden, als ob der Besitz er selbst wäre. Und so schätzt man ihn um dessentwillen, was er hat, und nicht um dessentwillen, was er ist.

Der römische Dichter Properz erkannte den realen Wert der Armut, als er sich rühmte, ein Mädchen nicht durch sein Geld, sondern durch seine Gedichte erobert zu haben.

Reichtum ist auch Täuschung. Die Leute, die sich einbilden, ein Stückchen Erde dieses Planeten durch irgendeine Urkunde besitzen zu können, sind genauso verrückt wie eine gewisse Sorte Amerikaner, die schon heute Grundstücke auf dem Mond erwerben, die ihnen irgendeine extravagante und geschäftstüchtige Agentur verkauft. Einen Wald oder eine Wiese besitzen die Vögel und die Tiere, die sich daran erfreuen, oder auch das Liebespaar, das darin spazierengeht, oder der Einsiedler, der da lebt, aber auf keinen Fall der, der nur eine Besitzurkunde darüber hat. Damit hat er nämlich nichts anderes als einige Seiten Papier mit ein paar bürokratischen Spitzfindigkeiten.

Wir alle besitzen die ganze Natur, den Sternenhimmel und die Erde mitsamt allen ihren Landschaften. Sobald wir aber unser Besitzergefühl auf ein paar Hektar Land beschränken, gehört uns von alledem nichts mehr. Nur wenn wir arm sind, können wir die Welt unser eigen nennen, wie die Vögel den Himmel ihr eigen nennen und die Fische das Wasser und der heilige Franz alle irdischen Dinge. Darum nannte der heilige Franz die Armut einen großen Schatz (»wir sind nicht würdig eines so großen Schatzes«), und er nannte es einen großen Luxus, an einem großen schönen Stein zu essen, neben einer frischen Quelle unter dem blauen Himmel, während die armen Reichen nur einen Speisesaal mit sehr reduzierten Ausmaßen hätten.

Gott ist der Herr der ganzen Welt, und wir als Seine Kinder sind auch Eigentümer des Reichtums der ganzen Welt. Wir sind von unermeßlichem Reichtum umgeben und brauchen nur die Hand auszustrecken, um von allem zu nehmen. Eine Handvoll Wasser, das mir zwischen den Fingern zerrinnt, ist nicht weniger wertvoll als eine Handvoll Diamanten, und wenn wir das Wasser weniger schätzen, so nur darum, weil es reichlicher vorhanden ist. Ein goldener Fisch in der Lagune, ein Fröschlein, grün wie Jade, ein Kieselstein oder ein trockenes Stück Holz, das auf dem Wasser schwimmt, alles das sind Schätze, auch wenn sie keinen festen Preis an der Börse haben.

Wer aber ein Stück Land kauft und es einzäunt, nimmt sich selbst die ganze übrige Natur, besitzt nichts mehr von allem anderen. Christliche Armut heißt also nicht, wenig besitzen, sondern überhaupt nichts besitzen, um alles sein eigen nennen zu können. Der Mönch beschränkt sich nicht auf den legalen Besitz einiger weniger Dinge; ihm gehören Luft und Sonne, Erde, Himmel und Meer.

Die Armut ist auch die Tugend der Heiligen Dreifaltigkeit, denn das Leben in Gott ist Mitteilung, und jede einzelne der drei göttlichen Personen gibt sich ganz den beiden anderen; es gibt kein »mein« und »dein« zwischen ihnen, wohl aber ein »ich« und ein »du«.
Die Täuschung, die im Reichtum liegt, besteht darin, zu glauben, materielle Dinge könnten von etwas Geistigem, wie es die Seele ist, besessen werden. Es gab hier in Nicaragua einen Diktator, der nicht müde wurde, immer mehr und mehr Land zu erwerben, und der doch nie genug hatte, weil ihm das Land trotz aller Überschreibungsurkunden so fremd blieb wie zuvor. Soviel er auch an sich brachte, blieb er doch arm. Die grünen Felder mit ihren Kühen und Bäumen und Bächen, die sie durchflossen, blieben genauso unberührt von ihm wie zuvor. Er besaß die Urkunden über das Land, aber das Land gehörte ihm nicht. Es gehörte dem, der sich im Vorübergehen an der Landschaft erfreute oder in den Flüssen fischte. Wer sich daran erfreute, ohne mehr zu wollen, der hatte das Land im tieferen Sinn besessen als der, dem die Urkunden gehörten.
Nur unbegierig, nur losgelöst von allem, können wir alles besitzen. Darum sagt Paulus: »Wer hat, sei wie der, der nicht hat, und wer kauft wie der, der nicht kauft, und wer heiratet wie der, der nicht heiratet.«

Materialismus, Götzendienst

Das Geld ist ein Tyrann oder, wie Christus in der Sprache der damaligen Zeit sagt, »ein Herr« (was damals soviel bedeutete wie Gott). »Keiner kann zwei Herren dienen ...« Und danach nennt er das Geld mit dem Namen des Gottes der Sidoniter, »Mammon«, weil das Geld auch eine Götzenherrschaft ist.

Und an einer anderen Stelle stellt Christus das Geld einem anderen Totalitarismus und einem anderen Gott gleich: »Gebt dem Kaiser, was des Kaisers ist, und Gott, was Gottes ist.« Mit diesem Satz wollte er den Kaiser nicht legitimieren, wie oft ausgelegt worden ist, und er wollte auch nicht zwei gleichermaßen rechtmäßige Ordnungen nebeneinander stellen, die Ordnung Gottes und die des Kaisers. Die Ironie des Satzes ist einleuchtend: Das Geld gehört nicht dem Kaiser, sondern trägt nur sein Bildnis, aber Christus sagt, es gehöre dem Kaiser, weil es sein Bild trägt. Er will also damit sagen, das Geld gehört nicht uns, sondern dem Kaiser, und wir gehören Gott. »Gebt dem Kaiser, was des Kaisers ist« will sagen: laßt doch dem Kaiser seine Reichtümer ... diesen Mist. »Gebt Gott, was Gottes ist« bedeutet, wir sollen uns Gott geben, weil wir Gottes sind.

Das Geld ist ein Teil der Tyrannei, der Grausamkeit, der Überheblichkeit, der Vergötterung: des Tiberius. Jedes Geldstück und jeder Geldschein tragen dieses Bildnis des Tiberius. (Darum verbot der heilige Franz seinen Brüdern, Geld anzufassen.)

Das erste der Zehn Gebote, uns keine geschnitzten Bildwerke zu machen noch andere Götter anzubeten, scheint uns ein Gebot für primitive Völker, die die Vielgötterei noch nicht überwunden haben, eine archäologische Reliquie ohne irgendeinen praktischen Wert für den zivilisierten Menschen.

Aber der moderne Materialismus ist die gleiche alte Vielgötterei, und die Welt hat noch nie so viele Götter und Idole gehabt wie heutzutage. Ein teurer Wagen, ein Filmstar, ein politischer Führer, eine Ideologie, das sind die Götter von heute. Die Städte der modernen Welt sind voll von diesen Göttern: die Götter der kommerziellen Werbung und der politischen Propaganda, die lächelnden Göttinnen der Fruchtbarkeit und Fülle, der Ernährung und der Hygiene, die Götter der Biermarken, der Cornflakes und der Zahnpasta. Oder die Gesichter der Diktatoren und politischen Führer – die dunklen Götter des Terrors und des Krieges, der Vernichtung und des Todes. Die gleichen Naturkräfte, die der primitive Mensch im Feuer und im Donner anbetete, ohne sie zu verstehen, betet der moderne Mensch in der Elektrizität und in der Atomenergie an, auch ohne sie zu verstehen.

Der einzige Besitz

Vom Mikrokosmos bis zum Makrokosmos offenbart uns die ganze Schöpfung die Unendlichkeit Gottes. Wir sollen alle Dinge als Symbole und Bilder betrachten, als Fotos Gottes, aber nicht als Gegenstände, die an sich etwas wert sind und um ihrer selbst willen besessen und genossen werden können.
Gott besitzen heißt, sich von allen Dingen lösen. Sich von allen Dingen lösen heißt, Gott umarmen.
Und nur Gott läßt sich besitzen. Wenn ich einen Gegenstand sehe, der mir gefällt, und ich kaufe ihn, so besitze ich ihn darum doch nicht. Auch wenn ich ihn verkaufen oder verschenken kann, habe ich ihn nie besessen. Er ist unverletzt und unberührt geblieben, weil unsere Fähigkeit zu besitzen so ganz in unserem Innern ist, daß kein äußerliches Ding an sie heranreicht. So erklärt sich die tiefe Unzufriedenheit aller Menschen, die Reichtümer ihr eigen nennen. Es ist eine Unzufriedenheit, die nie gestillt werden kann, höchstens verschlimmert.
Zwischen uns und den Dingen liegt eine unsichtbare gläserne Wand. Wir stoßen wieder und wieder dagegen, wie ein Schmetterling, ohne je zu den Dingen zu gelangen. Und auf der anderen Seite dieser Wand lacht uns immer weiter die Welt, heil und unerreicht. Auch die Menschen, die wir lieben, können wir nicht besitzen. In ihrer innersten Persönlichkeit bleiben sie unberührt, wie auch wir selbst immer jungfräulich bleiben. Selbst zwischen Mann und Frau besteht ein Abgrund, der sich nicht überbrükken läßt, ein Bereich, der sich nicht mit dem anderen verschmelzen läßt. Sie kommen sich nie so nahe, wie sie möchten. Es ist nur eine Illusion der Vereinigung.

Allein Gott läßt sich besitzen, weil Er der einzige ist, der Zugang zu unserem innersten Wesen hat, dort, wo wir besitzen und besessen werden können. Nur Er hat den Schlüssel zu unserem Sein.
Denn Er kommt nicht von außen, sondern tritt von innen her in uns ein. Er spottet der Festungsgräben und Verteidigungsmauern unserer inneren Burg und kommt durch Geheimgänge, die nur Er kennt.
Und wir können uns mit Ihm vereinigen, ohne aus uns selbst herauszugehen. Mehr noch, wir können uns nur mit Ihm vereinigen, wenn wir in uns selbst sind.
Dann können wir die geschaffene Kreatur also nie besitzen? Dieser Gedanke würde uns noch in der Ewigkeit quälen, weil wir sie in aller Ewigkeit nicht vergessen könnten. Eher würde sich die Erinnerung an das, was wir nie besitzen durften, noch vergrößern. Ja, wir können alles besitzen, aber in Gott. Wenn wir Gott haben, haben wir alles, denn Er ist der Herr aller Dinge. Alle Schöpfung ging hervor aus Gott, und alle Kreatur kehrt zu Ihm zurück durch Christus. »Wenn ich in die Höhe erhoben werde, ziehe ich alle Dinge hinauf zu mir«, sagt Christus. Und wenn alle Dinge hingezogen werden zu Ihm, werden sie auch zu mir hingezogen, denn Er ist mehr ich als ich selbst. Er ist mein innerstes Wesen.
Aber um das erfahren zu können, müssen wir alles fahren lassen. Der heilige Johannes vom Kreuz sagt, der einzige Weg alles zu besitzen, ist die Entäußerung von allem.
Bis dahin sind wir wie Vögel in einer verschlossenen Wohnung, die sich die Flügel an den Scheiben des Wohnzimmers wundstoßen. Wir sehen eine strahlende Landschaft vor uns und können nicht heraus. So stoßen wir uns an der Kreatur, die uns täuscht, weil sie uns Gott vorspiegelt. Wir stoßen uns an ihr wund, weil sie kompakt ist und uns darum nicht zu Gott läßt. Das Licht, die Hel-

ligkeit Gottes, scheint nur durch sie hindurch. Und nur, wenn wir diese faszinierende Helligkeit der Kreatur vergessen und uns zurückwenden in das Dunkel der Wohnung, in der wir gefangen sind, finden wir den Ausgang zum Garten, zur Freiheit und zum Licht, den Ausgang zu Gott.

Schein, Erscheinung

Protonen und Neutronen tanzen vor unseren Augen und bilden herrliche Figuren, wie die Bilder in einem Kaleidoskop. Sie sind aber wie diese nichts als Illusionen, bunte Kieselsteine, die einen kurzen Augenblick im Licht der Sonne, in Gott aufleuchten.

Diese Welt ist nur ein Abbild. Bilder auf dem Grund einer Höhe, wie Platon sagt, oder Bilder auf einer Kinoleinwand oder auf dem Fernsehschirm, wie wir heute sagen würden.

Wie Filmschauspieler, die wir auf einer Leinwand singen und lachen sehen und die doch nicht wirklich sind, sondern Bilder, Effekte von Licht und Schatten, so sind auch die Sterne des Himmels, die in der Nacht lachen und singen, nur Lichteffekte. Vielleicht sind es Sterne, die längst nicht mehr existieren, sondern vor Millionen von Jahren gestorben sind, obwohl ihr Licht uns noch erreicht, genau wie die Schauspieler vielleicht schon vor Jahren gestorben sein können und die wir immer noch auf dem Bildschirm lachen und singen sehen.

Die Welt rollt schnell vor uns ab wie ein Film.

Wir nehmen flüchtige Bilder wahr, mit unseren Augen, mit unseren Ohren und unserem Gefühl, auf dem Bildschirm der Sinne. Aber der Tod ist für uns das Ende des Programms und die Rückkehr zur Wirklichkeit. Inzwischen betrachten wir die Welt mit offenen Mündern wie Kinder vorm Fernsehschirm.

Die Wirklichkeit ist Gott, der dunkel ist und den wir weder mit unseren Sinnen noch mit unserer Vorstellungskraft, noch mit unserem Geist aufnehmen können. Wir können ihn nur erfassen als etwas Vages, außerhalb unse-

rer Fantasie und unserer Sinne, in der Dunkelheit des Glaubens. Obwohl der Glaube nichts Dunkles ist, sondern ein unsichtbares Licht, das tiefer in die Wirklichkeit eindringt als das Licht, das wir mit unseren Augen aufnehmen, wie Röntgenstrahlen, die alles durchdringen.
Die Gegenwart Gottes ist eine dunkle und unsichtbare Gegenwart, wie die unsichtbare Gegenwart eines Menschen, der mit uns zusammen in einem dunklen Zimmer sitzt.
Viele Male haben wir diese Gegenwart in uns gespürt, ohne uns dessen bewußt zu werden. Es ist vielleicht ein Gefühl der Einsamkeit oder der Angst, eine Empfindung der Stille, eine seltsame Liebe, die in uns ausbricht.
Wenn du nach einer festlich verbrachten Nacht im Morgengrauen in dein Zimmer kommst und allein mit dir bist, in diesen Augenblicken der Einsamkeit und der Stille spürst du vielleicht die Gegenwart dieses Jemand, ein trauriges Antlitz neben dir, das nicht du bist. Und dann fühlst du auch deine Leere. Du hast Angst in den Spiegel zu schauen, weil das, was du da siehst, nicht du bist, dein Gesicht ist wie eine Maske. Und du schreckst davor zurück, dich anzusehen, als ob du Angst hättest, einen Toten zu sehen. Und du graust dich vor dem Alleinsein, allein zu sein mit dir selbst, wie einem ein leeres Haus Furcht einflößt.
Du fühlst, daß du, nur du im ganzen Universum, fern bist von Ihm. Die Galaxien, die sich langsam seit Billionen von Jahren um ihre Achse drehen, die allmähliche geologische Evolution der Erde, die ganze Flora und Fauna des Meeres und der Erde gehorchen Seinen Gesetzen, nur du nicht.
Dieser Wille Gottes, dem du nicht gehorchst, ist nicht deinem eigenen Willen von außen her aufgedrängt, sondern dir eigener als dein eigener Wille, ein Du, mehr als

du selbst, dein innerstes Sein, deine eigentliche Identität und dein tiefster Wille.
Wir spüren die Gegenwart des Geliebten in der Dunkelheit, seine geheimnisvolle Liebkosung. Jemand ist in uns, den wir nicht sehen können. Was wir sehen ist nur die materielle Wirklichkeit, eine Wirklichkeit so falsch wie ein Farbfilm oder wie ein Werbeprogramm im Fernsehen. Wie oft, auch als ich fern von Gott war, tauchte in meinen Träumen ein verschwommenes Antlitz vor mir auf, in den Stunden der Einsamkeit, in der Stille der Nacht, nach Feiern und Festen: Gott – unterdrückt, in die Schatten des Unterbewußtseins verbannt. Er war jedoch da, abgebildet auf dem Leintuch meiner Seele, verschwommen und schmerzlich wie das Antlitz Christi auf dem Schweißtuch der Veronika. Meine Ängste, meine Träume, meine nächtlichen Schrecken waren eingegraben in dieses Antlitz.
In unserem Innern ist die Liebe und zieht uns hin zu sich, hin zum Zentrum unserer selbst, das Er ist. Die Liebe sucht immer die Vereinigung, die Identifikation des Geliebten mit der Geliebten. Es ist jemand in mir, der ich nicht selbst bin. Wir sind so konstruiert, daß der Mittelpunkt unseres Wesens Gott ist. Wenn wir uns also selbst finden, nähern wir uns Gott, wenn wir auch nicht ganz zu Ihm kommen können, denn auch die Entfernung zwischen Ihm und uns ist unendlich, gerade weil Er uns unendlich nah ist.

Die Seele

Die Heiligkeit ist unsere eigentliche Persönlichkeit. Es gibt keine zwei gleichen Blätter, und es gibt auch keine zwei gleichen Menschen. Aber die Sünde macht uns alle gleich, wie Gefangene in der gleichen Uniform. Die Heiligen dagegen sind alle verschieden, weil die Heiligkeit vollkommene Verwirklichung der eigenen Persönlichkeit ist. Die Heiligkeit ist das Wiederfinden der eigenen Identität, die jedem Wesen eigen ist und die durch die Sünde verlorengegangen ist.

Je mehr wir uns mit Gott identifizieren, desto mehr sind wir wir selbst. Unsere größere Identifizierung mit Gott bedeutet unsere größere Identität, nicht weil unser Wesen Gott ist, sondern weil wir das Bild Gottes sind, was fast auf dasselbe hinausläuft.

Je mehr die Seele also Gott gleicht, desto mehr ist sie sie selbst, weil es ihr Schicksal ist, Bildnis – Selbstbildnis – Gottes zu sein. Die Seele ist nicht unendlich, sie ist aber ein Bild der Unendlichkeit, und auch das ist fast das gleiche.

Wir wissen nicht wie die Schönheit der Seele aussieht, weil wir sie nie gesehen haben. Wir haben aber die Abwesenheit der Seele gesehen, die Häßlichkeit eines Körpers, aus dem die Seele ausgefahren ist. Die Grimasse des Todes kann uns eine Ahnung davon vermitteln, was die Seele ist. Und ebenso die Schönheit eines Körpers, dem eine Seele innewohnt, kann uns eine Empfindung dafür geben, was die Schönheit einer nackten Seele sein kann. Eine gleiche Ahnung geben uns die großen Kunstwerke, in denen sich die Seele des Künstlers widerspiegelt. Auch in der Intimität der Liebe oder einer Freundschaft nähern wir uns dem Geheimnis einer Seele.

Die Liebe und Schönheit Gottes geben der Seele ihre Schönheit, und eine Seele, in der sich Gott widerspiegelt, ist ganz entzündet und entflammt vor Liebe. Eine unendliche Liebe und eine unendliche Schönheit spiegeln sich in ihr, wie der unendlich blaue Himmel in einem stillen See.

Eine bloße Seele ist ganz Lächeln und Gefühl und Liebe, ganz Zittern und Brennen und Leidenschaft und Feuer, sie ist nichts als Zärtlichkeit und Empfindsamkeit, Vitalität und Leben. Und je mehr die Seele Gott schaut, desto mehr kennt sie Ihn, und je mehr sie Ihn kennt, desto mehr liebt sie Ihn, und je mehr sie Ihn liebt, desto mehr besitzt sie Ihn und kennt sie Ihn und liebt sie Ihn. Ihr ganzes Leben gibt und empfängt sie, immer mehr liebend, bis sie vor Liebe zittert.

Die Seele ist vor Gott passiv, ist »weiblich«. Die Seele kann nicht die Initiative ergreifen. Sie kann Gott nicht besuchen, denn sie weiß weder, wie sie hinkommen kann, noch wo Er ist. Sie muß warten, bis Er sie besucht, und wenn Er nicht kommt, ist sie allein. Die Seele kann sich nicht von ihrem Platz fortbewegen, Gott ist es, der ein und aus geht. Und die Seele kann auch nicht liebkosen. Nur ganz schüchtern wagt sie zuweilen eine Zärtlichkeit Gott gegenüber. Sie kann sich nur von Ihm liebkosen lassen. Sich von Ihm streicheln lassen ist das einzige, was sie kann.

Die Seele einer alten Frau ist genauso weich und jung und frisch wie die Seele eines Kindes, weil sie der Brunnen der Lebenskraft ist und nicht alt werden kann. Die Seele des rüdesten Kerls ist geradeso voller Licht wie die Seele eines Beethoven oder Dante, und die Seele des Mannes ist genauso weiblich wie die Seele der Frau. Die Seele ist Anfang des Lebens, ist reine Unschuld und nichts als Licht und Freude und Klarheit und Süße und Gnade, darum

liebt Gott sie so leidenschaftlich. Absolut alle Menschen haben so eine Seele. Und darum ist es so schade, wenn sich die Seele unwürdigen Liebhabern hingibt, daß sie sich von Essen und Trinken, von Vergnügungen und Geld versklaven läßt.
Manchmal blickt uns etwas von dieser Schönheit der Seele aus einem Paar reiner Augen an; dann ist es, als ob etwas von ihrem Glanz durch die undurchdringliche Materie hindurchsickere wie der Sonnenschein durch die geschlossenen Augenlieder.
Aber Seele und Körper sind auch eins. Wenn der Körper lebendig ist, dann ist die Seele nichts anderes als die Wirklichkeit und die Lebenskraft des Körpers, die macht, daß der Körper keine Leiche ist. »Wenn der Körper nicht Seele ist, was ist dann Seele?« fragt Whitman.
Das ist dasselbe, was Aristoteles meint, wenn er sagt: »Die Seele ist die Substanz, die dem Körper Form verleiht.«
Und Tertullian hat gesagt, die Seele sei von Natur aus christlich (»Anima naturaliter Christiana«). Wenn sich ein skeptischer Heide von seiner Erziehung, seiner Kultur und den Einflüssen seiner Umwelt lösen könnte, würde er auf dem Grund seiner Seele – in seinem Unterbewußtsein, sagen wir heute – die Wahrheiten des christlichen Glaubens entdecken.
Schon der Widerschein Gottes auf der undurchsichtigen Materie blendet uns. Wie betäubend muß dann erst die Schönheit Gottes, widergespiegelt nicht auf undurchsichtiger Materie, sondern auf reinem Geist, sein! Die Essenz aller natürlichen Schönheit, dieser gemeinsame Nenner, der allen schönen Dingen eigen ist (dem Blau der Meere und der Seen, den beschneiten Bergen, der Wüste, den Blumen und den Sternen), wohnt dann in der Seele, aber konzentriert, verfeinert, verwandelt in eine höhere

Schönheit, in reinen Geist wie der Geist Gottes, wie eine Zusammenhäufung von Millionen Lächeln und Millionen Landschaften.
»Wir sind nicht hohl innen, Töchter«, sagt die heilige Therese.

Abbild und Urbild

Wir sind Ebenbilder Gottes, Kunstwerke. Unser innerstes Geheimnis, unsere letzte Daseinsberechtigung ist, daß wir nicht nur wir selbst, sondern Ebenbilder sind. Der Sinn unseres Lebens ist nicht, wir selbst sein, sondern Kopien, Fotos eines anderen. Nur wenn dieser Andere durch uns hindurchscheint, sind wir wir selbst. Wir sind wie eine weiße Leinwand, auf der sich Gott projiziert. Nehmen wir den Film weg, bleibt nichts übrig.

Diese Dualität ist das Geheimnis des Menschen: wir sind alles, und zur gleichen Zeit sind wir nichts. Wir sind ein Nichts, auf das sich ein Alles projiziert. Wir können aber willentlich dieses Alles auslöschen. Eine sündige Seele ist dann das Nichts.

Einerseits sind wir Kinder des Nichts, und andererseits sind wir Kinder Gottes, weil Gott uns aus dem Nichts erschuf. Das Nichts und Gott, das ist die Dualität des Menschen.

Wir sind aus dem Schoße Gottes hervorgegangen, in dem wir die ganze Ewigkeit hindurch ein Teil Gottes waren. Und nie werden wir Frieden finden, ehe wir nicht zu Gott zurückkehren.

Inzwischen leben wir im Exil. Wir sind Verbannte Gottes. Gleichzeitig haben wir unseren Ursprung aber auch im Nichts, denn als wir noch bei Gott waren, waren wir nicht wir selbst, sondern Gott. Wir sind empfangen vom Chaos, das von Gott befruchtet wurde.

Die Heiligen sehen dieses unendliche Nichts, dieses Chaos, aus dem wir stammen, ganz klar in sich. Das ist der Grund ihrer erschreckenden Demut. Sie sehen in sich ein Nichts, eine totale Abwesenheit, eine vollständige

Leere, Auflösung, Verfall, Herbst, Tod und Vergessen. Denn daraus sind wir gemacht: aus Alter und Herbst, aus der Materie des Todes, aus Welken und Verfall.
Die Gespenster des Hungers und der Pest und aller Kriegesschrecken geben uns ein Bild davon, was wir auch sind. Denn sobald Gottes Bild aus uns ausgelöscht wird, sind wir nur noch Abbild der Trauer, der Angst und des Todes. Hinter jedem Menschen stehen der Tod und die Fratze des Todes. In diesem Land der Schatten mögen die Menschen vielleicht lachen, aber ihr Lachen ist wie die Grimasse der Toten in den Kühlräumen der Morgue. Das ist es, was die Kinder im Dunkeln fürchten und was das Kind in jedem von uns immer noch entsetzt in der Dunkelheit der Welt unserer Träume: das Nichts, aus dem wir hervorgegangen sind und das wir weiterhin sind, der Staub, der wir waren und sind und wieder sein werden. Das Leben, das jetzt in uns ist, ist oberflächlich und jetzt schon zeitweilig aussetzend. Im Schlaf sind wir bereits tot, und auch im Wachen sind wir halb betäubt und tot für eine Fülle von Empfindungen. Das innere Ringen eines Künstlers ist der Kampf um das künstliche Wachhalten des Lebens. Und auch der Liebende kämpft darum, das Leben durch seine Liebe vor der Routine und dem Tod zu retten. Alles nutzt sich ab, und alles sinkt eines Tages in Starre und Tod. Auch die Kunst nutzt sich ab und wird Rhetorik. Die Schönheit altert und welkt, und die Liebe wird Gewohnheit. Alles im Universum gehorcht diesem zweiten Gesetz der Thermodynamik. Nur Gott ist lebendig, das lebendige Leben, das immer Neue, immerwährende Frische und ewiger Neubeginn. Er ist der, der *ist*. Er hat kein Leben, sondern *ist* das Leben. »Wen da dürstet, komme zu mir und trinke. Wer an mich glaubt«, wie die Schrift sagt, »aus dessen Innern werden Ströme lebendigen Wassers fließen.«

Der Wille Gottes

Jedes Geschehnis ist ein Sakrament des Willens Gottes. Wie der Leib Christi in Brot und Wein verborgen ist, so ist der Wille Gottes in den alltäglichen Begebenheiten verborgen.

Alle historischen Ereignisse sind so heilig wie die Heilige Schrift, weil sie gleichfalls ein Ausdruck des Willens Gottes sind. Und die bescheidenste Begebenheit des Alltags ist ein Ausdruck des Willens Gottes und darum genauso wichtig wie das wichtigste historische Ereignis. Das Verpassen eines Zuges ist genauso wichtig wie das Verlieren der Schlacht von Waterloo.

Darum gibt es nichts Banales und nichts Unbedeutendes auf der Welt. (»Alle Haare auf eurem Kopfe sind gezählt.«) Der unbedeutendste Zwischenfall kann die ganze Weltgeschichte verändern. Ein fallender Dachziegel verursachte den Tod eines spanischen Königs, und der kleine Zeitungsjunge von heute kann morgen die Titelseiten aller Zeitungen der Welt füllen. Auch andere noch so winzige Vorkommnisse haben irgendwie den Lauf der Welt beeinflußt, obwohl wir nie etwas davon gehört haben. Und genauso wichtig ist das Leben jedes einzelnen Menschen, auch wenn keine Zeitung je etwas über ihn berichtet.

Unser tägliches kleines Leben ist voller Wunder und Geheimnis. Es ist wie eine Weiterführung der verborgenen Jahre Jesu in Nazareth, die nie in den Evangelien beschrieben wurden.

Obwohl diese Jahre wie auch alle anderen unbekannten Taten Jesu nie aufgezeichnet wurden, haben sie darum doch nicht weniger Bedeutung.

Die Heilige Schrift ist nichts weiter als ein Fragment – erleuchtet vom Heiligen Geist – der Weltgeschichte, des Eingreifens Gottes in den Lauf der Welt. Alle Geschichte ist heilig, und heilig sind auch die Ereignisse unseres Privatlebens. Die Bibel, von der Genesis bis zur Apokalypse, ist nur ein beleuchteter Ausschnitt aller menschlichen Geschehnisse vom Anfang bis zum Ende der Welt, vom ersten Morgen bis zum letzten. Der Rest der Geschichte unserer Welt und auch anderer, vielleicht bewohnter Welten blieb im Dunkeln, ist ein unleserlicher Text. Darum ist der Wille Gottes aber nicht weniger gegenwärtig in ihm.

Dieser Text der Weltgeschichte kann allerdings vom Menschen verändert und verfälscht werden, und das ist auch in reichlichem Maße geschehen, von der ersten Sünde an. Die Heilige Schrift ist auch die Geschichte des dauernd unterbrochenen Willens Gottes durch den Menschen. Gott hat beschlossen, Israel ins Gelobte Land zu führen. Als das Volk sich auflehnt und nach Ägypten zurückkehren will, ändert Gott seine Pläne und beschließt, es auszurotten und für Moses ein neues Volk zu schaffen. Moses bittet Gott für das Volk Israel und bewirkt, daß Gott erneut Seine Meinung ändert, er rottet es nicht aus, läßt es aber auch nicht ins Gelobte Land gelangen, wie Er zuerst vorgehabt hatte. »Ihr sollt nicht in das Land eingehen, das ich euch mit zum Schwur erhobener Hand versprochen habe.«

Der Wille Gottes ist ein unheimlich kompliziertes Gewebe, das immer wieder durch den freien Willen des Menschen durchkreuzt wird, das aber darum doch nie reißt. Jeden Augenblick ändert Gott Seinen Willen, je nachdem wie sich die Umstände durch das Dazwischentreten des Menschen wandeln.

In jedem einzelnen Fall beachtet Gott aber auch die

unendlichen Wirkungen, die eine Abänderung Seines Willens für alle anderen Fälle und Umstände des Universums zur Folge haben könnte. Wenn ich um Regen für meine Ernte oder um Schönwetter für eine Verabredung bitte, denke ich nur an die Vorteile, die das Regnen oder Nichtregnen für mich hat. Gott denkt aber gleichzeitig an alle Wirkungen und Folgen der Wirkungen, die das Regnen oder Nichtregnen auf die ganze Welt hat. Der Wille Gottes ist die Koordinierung aller dieser Wirkungen, die Er mit unendlicher Weisheit und unendlicher Liebe kombiniert. Darum sollen wir mit Freuden alles annehmen, was geschieht, so widrig es im Augenblick auch sein mag, weil alles zu unserem besten geschieht, weil es uns zuträglich ist.

Das einzige, was uns nicht zuträglich ist, ist die Sünde. Allein die Sünde hängt ausschließlich von uns ab und nicht vom Willen Gottes. Die Sünde verwirrt den Willen Gottes, sie ist das einzig Gegensätzliche zu ihm.

Aber alles, was nicht von unserem Willen abhängt, ist der Wille Gottes. Sogar die Wirkungen und Ergebnisse der Sünde sind Gottes Wille. Nur die Sünde selbst hängt von uns ab, die Wirkungen und Konsequenzen unserer Sünden und der Sünden anderer unterliegen dem Willen Gottes. Die innere Zustimmung eines Menschen, der auf einen anderen Menschen schießt, hängt von diesem Menschen selbst ab. Ob der Revolver aber geladen war und welchen Lauf die Kugel nimmt, ob sie trifft oder nicht und alle anderen Umstände, ist Sache Gottes. Darum sollen wir alles segnen, was geschieht, denn alles, sogar die Konsequenzen der Sünde, ist der Wille Gottes. Von uns hängt einzig und allein die Zustimmung zur Sünde ab.

Manchmal wollen wir den Willen Gottes nicht erkennen, weil er verkleidet unter schrecklichen Aspekten auftritt. Die Juden wollten ihren König nicht anerkennen als er ihnen mit Dornen gekrönt vorgeführt wurde; da zogen sie lieber die Diktatur des Tiberius vor. »Wir haben keinen anderen König als den Kaiser.« (Der Kaiser würde sie später niederdrücken, während Christus ihr Befreier war.) Der Wille Gottes zeigt sich uns oft versteckt unter Mißerfolg, Elend, Einsamkeit und Tod. Dann wählen wir lieber den Tiberius, den Vertreter der Macht, der Vergnügungen, des Geldes und der Sinnlichkeit, der Grausamkeit und des Sieges. Dann rufen wir: »Kreuzigt ihn, wir haben keinen anderen König als den Kaiser.«

Der Wille Gottes kann verkleidet als Krebs zu uns kommen, als Verkehrsunfall oder als Geheimpolizist eines totalitären Regimes, um uns eines Nachts zu verhaften. Und es ist schwer, ihn unter dieser Aufmachung zu erkennen und zu segnen. Aber alles, was wir Wirklichkeit nennen, ist die Fleischwerdung des Wortes Gottes, ist das Wollen Gottes. Alle Wirklichkeit ist heilig. Ein flüchtiges Treffen auf der Straße, ein verpaßter Zug oder ein rechtzeitig erreichtes Flugzeug, alles sind Verwirklichungen des Willens Gottes.

Gott ist nicht nur in den äußeren Zeichen der Sakramente gegenwärtig, sondern in gewisser Form in allem Wein und in allem Weizen, in allem Wasser und in allem Öl, in der ganzen Realität der Welt. In aller Wirklichkeit ist Gott verborgen, stumm und demütig. Alle Wirklichkeit ist Sakrament.

Wir wissen nicht, was uns gut tut, darum dürfen wir nichts wollen und nichts nicht wollen, sondern nur das annehmen, was Gott für uns will oder nicht will, weil nur Er weiß, was uns not tut.

Wir sind umgeben von Ereignissen, die wir nicht verstehen, von denen wir nicht wissen, woher sie kommen und wohin sie führen, wie ein Blinder im Verkehrsgewühl. Wir sind wie ein Kind auf einem großen Flughafen voller

Flugzeuge, die kommen und gehen. Wir können in keins von ihnen einsteigen, weil wir ihre Route nicht kennen. Wir kennen nicht einmal unser eigenes Ziel, wir können nur warten, bis jemand kommt und uns zeigt, in welches wir einsteigen müssen. So kennen wir auch unser Schicksal nicht und wissen nicht, welche Ereignisse unseres Lebens gut und welche schlecht für uns sind. Wir kennen unsere Zukunft nicht, und auch unsere Gegenwart und unsere Vergangenheit ist uns nur bruchstückhaft bekannt.
Die Sünde ist der Glaube, wir wüßten besser als Gott, was gut für uns ist, die Annahme, Gott hätte sich in dem einen oder anderen Fall in bezug auf uns geirrt.
Gott weiß, was uns zuträglich ist, weil alles, was geschieht und noch geschehen wird, in seinem Geiste seit aller Ewigkeit schon geschehen ist, wie ein Foto, das schon vor einiger Zeit aufgenommen wurde und das wir nun beim Entwickeln des Films in der Dunkelkammer zum ersten Mal sehen. Oder wie ein Film, der seinerzeit gedreht wurde und den wir nun auf der Leinwand projiziert sehen. Oder wie das Licht eines Sterns, das vor Millionen von Jahren ausgesandt wurde, das aber erst jetzt auf unsere Netzhaut gelangt.
Gott weiß, daß Dinge, die heute schlecht für mich sind, morgen vielleicht gut für mich sein können. Und Gott kann heute etwas wollen, was Er später nicht mehr will. Er kann hier etwas beabsichtigen, was Er an einem anderen Ort nicht will, oder mit mir etwas vorhaben, was Er mit einem anderen Menschen nicht vorhat.
Als die Jungfrau von Orléans in ihrem Prozeß gefragt wurde, ob Gott auch die Engländer liebe, antwortete sie: »Gott liebt die Engländer nicht in Frankreich.« Das ist das Mysterium unserer Berufung. Gott liebt auch einen Diktator von Nicaragua, aber Er liebt ihn nicht als Diktator von Nicaragua.

Die natürlichen Wunder

Wir leben umgeben von Wundern, ohne es zu merken. Dabei handelt es sich nicht nur um die Ereignisse, die man für gewöhnlich als Wunder bezeichnet, sondern auch um die natürlichen Wunder. Niemand liebt die Natur so wie Gott, der sie erschaffen hat, und Er wollte, daß ihre Wunder natürlich seien. Grund aller Gründe, wollte Er, daß alle Dinge ihren Grund hätten und daß die Gründe ihre Wirkungen ausübten und daß alles auf natürliche Weise geschähe.

Alles, was geschieht, ist wunderbar, das Alltägliche so wunderbar wie das Unerklärliche. »Eine Maus ist ein Wunder«, sagt Whitman. Alles Natürliche ist ein Wunder, um so wunderbarer, als es unbemerkt bleibt. Es ist das unsichtbare und bescheidene Wunder des Gewöhnlichen.

Augustinus sagt, die wunderbare Brotvermehrung sei nicht wunderbarer gewesen als das, was täglich in irgendeinem Samenkorn geschieht, sie war nur unalltäglicher.

Die Schöpfung war für Gott nicht irgendein vereinzelter Akt, versunken im Meer der Zeit, sondern ist ein immerwährendes Ereignis, das sich jeden Augenblick neu vor unseren Augen vollzieht. Auch vor den Augen der Ungläubigen vollzieht sich diese immer neue Schöpfung und bringt sie doch nicht zum Glauben. In jedem Augenblick werden wir neu erschaffen, in jedem Moment neu hervorgebracht aus dem Nichts. Das Weltall ist ein ewiges Wunder und jedes alltägliche Ereignis ist so wunderbar wie die Heilungen von Lourdes.

Das Normale ist die normale Art Gottes, Wunder zu tun. Das Alltägliche ist genauso wunderbar wie das Außergewöhnliche, wir sehen es nur nicht, weil wir so daran gewöhnt sind. Wer aber mit Gott in Berührung steht, der sieht sein ganzes Leben als außergewöhnlich und übernatürlich und voller Wunder an.

Gott vollbringt manchmal fühlbare Wunder, um die Welt zu überzeugen. In der Zweisamkeit der Seele aber hat Er solche Wunder nicht nötig. Dort vollbringt Er seine Wunder durch das wunderbare Zusammentreffen der täglichen Ereignisse.

Manchmal ist es nicht schwer, Wunder und Zufall zu unterscheiden, aber oft ist auch der Zufall ein Wunder, oder Gott vollbringt Seine Wunder durch den Zufall.

In Wirklichkeit existiert der Zufall gar nicht. Was wir Zufall oder Schickung nennen, ist nichts anderes als der Wille Gottes unter einem anderen Namen. Oft ist es schwer, den Willen Gottes zu erkennen, weil er sich in den Ereignissen des täglichen Lebens verwirklicht, in den Naturgesetzen und der Geschichte, im Zufall, im Schicksal, in Schickungen und Zufälligkeiten. Aber alles das ist die Vorsehung Gottes.

Meistens nennen wir nur das Außergewöhnliche in unserem Leben Vorsehung oder das, was gerade in unsere Pläne paßt und von dem wir meinen, daß es gut für uns ist. Wir nennen Vorsehung, wenn wir unverletzt einen Verkehrsunfall überstehen oder wenn wir im letzten Augenblick das abgestürzte Flugzeug verpaßt haben, und denken nicht daran, daß auch das Umkommen bei einem Unfall oder bei einem Flugzeugabsturz gleichermaßen Vorsehung ist. Im Grunde ist diese unsere Einstellung ein Überbleibsel des Manichäismus, des Glaubens, daß es zwei Götter gibt, einen guten und einen bösen, und daß die Vorsehung der Triumph des guten Gottes über den Gott des Chaos und der Katastrophen ist. Aber es gibt nur einen Gott, und nichts entgeht Seiner vorsorgenden

Herrschaft, außer der Sünde. Alles was geschieht, ist Vorsehung, und alles ist gut für uns, nur die Sünde nicht. Nur die Sünde ist nicht von der Vorsehung bestimmt, weil die Sünde das einzige ist, das nicht von Gott, sondern vom Menschen gemacht wurde. Aber die Auswirkungen der Sünde hängen nicht vom Menschen ab und sind darum auch Göttliche Vorsehung.

Vorsehung ist nicht nur das Angenehme, sondern auch das Unangenehme, nicht nur das Außergewöhnliche, sondern auch das Gewöhnliche, nicht nur das, was geschieht, sondern auch das, was nicht geschieht.

Oft erkennen wir die Göttliche Vorsehung nicht, weil sich unser Wille störend gegen den Willen Gottes stellt und so Seine Absichten und Pläne unterbricht. Wenn wir unseren Willen aber ganz unter den Willen Gottes stellen, wenn wir nicht das Geringste unternehmen, um uns gegen Seine Pläne zu stellen, dann sehen wir auf wunderbare Weise die Göttliche Vorsehung in unser Leben eingreifen. Dann erhält aller Zufall und unser ganzes tägliches Leben einen Sinn, und unser ganzes Leben wird voll von unvergleichlichen Fügungen.

Wenn wir unseren Willen ganz dem Willen Gottes unterordnen, erhält jede Kleinigkeit, jedes Treffen auf der Straße, jeder Telefonanruf, jeder Brief plötzlich einen Sinn. Dann erfahren wir, daß alles einen Grund hat und alles einer Vorsehung gehorcht.

Die meisten Menschen fühlen sich allein und unbeschützt in der Welt, als ob es keine andere Vorsehung als ihre eigene gäbe, als ob sie aus sich selbst oder vom Zufall erschaffen wären und in einer vom Zufall regierten Welt lebten. Sie fühlen sich allein und hilflos wie verlorene Kinder in einem dunklen Wald und nicht wie von Gott geschaffene Wesen, die von Gott in eine gute Welt gesetzt wurden, die von Ihm für sie erschaffen ist. Wir sind nicht allein, der, der uns schuf, bewohnt uns von innen und umgibt uns von außen. Wenn wir gläubig und liebend »Vater unser« sagen, werden uns selbst die großen interstellaren Räume vertraut.

Wenn wir davon überzeugt sind, daß der, der die Sterne und die Milchstraßen und die ganze Ausdehnung des Universums regiert, sich auch um unseren Blutkreislauf und unseren Metabolismus und um alle Ereignisse unseres täglichen Lebens kümmert, dann fühlen wir uns sicher und vertrauensvoll und ruhig. Er sorgt genauso für die Glühwürmchen wie für die Milchstraßen, und kein Atom bewegt sich ohne Seine Zustimmung. Was kann uns dann schon in der Welt geschehen?

Die Freude kann ein vollendetes Gebet sein, weil sie ein Akt des Vertrauens in Gott ist und die Sicherheit, daß uns nichts Böses in der Welt geschehen kann. Und die Freude kann auch heroisch sein.

Die physikalischen Gesetze des Universums und das moralische Gesetz sind gleich – mit dem einzigen Unterschied, daß das von Gott gestiftete moralische Gesetz vom Menschen verletzt werden kann. In bezug auf die Thermodynamik können wir in die Naturgesetze nicht eingreifen, wir können aber das Naturgesetz in unserem Innern verletzen. Der Mensch ist das einzige Wesen des Universums, das ungehorsam sein kann. Wenn wir dem Willen Gottes gehorchen, leben wir in Harmonie mit dem ganzen übrigen Weltall, weil wir dann demselben Gesetz gehorchen, dem die ganze Natur zu Willen ist. Alle unvernünftige Kreatur folgt pünktlich ihrem Schöpfer. Der Prophet Baruch sagt: »Er, der das Licht entsendet, und es strahlt auf, Er, der es ruft, und es gehorcht Ihm zitternd. Die Sterne freuen sich, auf ihrem Posten leuchtend. Er ruft sie, und sie sprechen ›Hier‹. Sie leuchten freudig dem, der sie schuf.«

Verdammnis, Selbstverneinung

Sündigen heißt wie Götter sein wollen, kleine, beschränkte und vergängliche Götter, aber immerhin Götter. Wir wollen der Mittelpunkt der Welt sein und uns unsere eigenen Gesetze vorschreiben.

Sündigen heißt sich sein eigenes, privates Gesetz erlassen wollen und das Gesetz Gottes abschaffen. Die Sünde ist eine Tyrannei, und der Sünder ist sein eigener Diktator. Der heilige Bernhard sagt, Gott ungehorsam sein, bedeutet sein eigener Tyrann sein. Der Verdammte ist ungerecht gegen sich selbst, er hat sein eigenes unschuldiges Sein verdammt, hat für ewig auf Gott verzichtet und es vorgezogen, ein Nichts zu sein. Darum verabscheut Gott den Verdammten, weil der Verdammte sich selbst verabscheut, denn Gott liebt auch den Verdammten unendlich. Gott würde mit Freuden statt unserer die Hölle erleiden, sagt die heilige Katharina von Genua, wenn Gott die Hölle erleiden könnte.

Gott verabscheut den Verdammten, weil Er ihn liebt, und der Verdammte ist ein Feind seiner selbst. Gott liebt das, was der Verdammte ist oder sein sollte, das, was er als Sein in sich hatte, und nun ist er die Verneinung seiner selbst und ein Anti-Sein. Die Sünde ist die Verneinung Gottes und ein Anti-Gott.

Die Sünde ist etwas, was nicht ist, was anti-ist. Sie ist voller Leere. Sie ist schlimmer als das Nichts, weil das Nichts nicht existiert und nichts ist, die Sünde aber ist ein reales Nichts, ist lebender Tod. Der Verdammte lebt in einem ewigen Zustand des Todes, er ist verdammt, in alle Ewigkeit *nichts* zu sein.

Der natürliche Tod ist nur eine Umwandlung der Materie, aber der ewige Tod ist die Materie in einem ewigen Zustand des Kadaver-Seins. Der ewige Tod ist die grausige Fratze eines Stücks Kosmos, das zum Kadaver geworden ist.

Eine Seele in Sünde ist wie ein erloschener Stern, ist der Schrecken eines unendlichen, eisigen und leeren Universums, in dem nichts ist als Einsamkeit. Gott ist unendlich gut und unendlich schön, und darum ist die Sünde, die Abwesenheit Gottes bedeutet, die unendliche Abwesenheit des Guten und Schönen und ist darum unendlich schrecklich. Wenn Gott unendliche Güte und unendliche Schönheit ist, dann ist Nicht-Gott unendlicher Schrekken. Und wenn Gott das absolute Sein ist, dann ist die Sünde – die Verneinung Gottes – ein absolutes Nicht-Sein, die vollständigste Leere und das grausigste Nichts. Die Seele ist ein Wesen, und als Wesen kann sie nicht aufhören zu existieren, aber die sündige Seele, leer von Gott, ist ein vollständig leeres und eisiges Wesen, vollkommen ungetröstet und voll von Nichts.

Man glaubt im allgemeinen, die Hölle sei eine Strafe Gottes und der Himmel ein Preis, den wir gewinnen können. Aber Paulus sagt uns genau das Gegenteil: »Der Tod ist der Sünde Sold, aber die Gabe Gottes ist das ewige Leben in Christus, unserem Herrn.«

Die Verdammnis verdient sich der Mensch, er fordert sie, und Gott kann nicht umhin, sie ihm zu geben, auch gegen Seinen Willen. Aber die Erlösung verdient sich der Mensch nicht, sondern sie wird ihm von Gott geschenkt. Die Verdammnis gibt sich der Mensch selbst, die Erlösung ist ein Geschenk.

Auch das Feuer der Hölle ist ein Feuer der Liebe. Die Hölle ist ein Werk der Göttlichen Liebe, sagt Dante. Denn auch in der Hölle liebt man, aber ohne Hoffnung. Der Himmel ist erwiderte und erfüllte Liebe, die Hölle ist verschmähte Liebe. Im Hohelied steht, die Eifersucht sei so schrecklich wie die Hölle; tatsächlich ist die Hölle Eifersucht. Die Hölle ist lieben und abgewiesen werden von dem, was man liebt. Wer einmal geliebt hat und zurückgewiesen wurde, hat ein wenig die Hölle hier auf Erden erfahren. Der Himmel ist die Gemeinschaft der Heiligen, die Hölle ist nur Absonderung und Einsamkeit, ontologische Einsamkeit. Das Feuer ist das gleiche Feuer der Sinnenlust, mit dem sich manchmal hier auf Erden das Fleisch verbrennt, ist egoistische Liebe, ist das Feuer der unbefriedigten Wünsche, ist Einsamkeit und Eifersucht. Die Hölle hat auch ein »materielles« Feuer, und wir wissen nicht, wie dieses Feuer ist. Aber wir haben als Menschen des Atomzeitalters ein wenig mehr über die Natur des Feuers gelernt. Das ewige Feuer muß sein wie ein ewiger Zustand der molekularen oder nuklearen Auflösung der Materie.

Gott ist Liebe und Vereinigung, und Seine Liebe ist die Kraft der molekularen Kohäsien der Materie. Die Hölle aber ist ewige Zersetzung, ist ungeeinte und zerrissene Materie, ewig im Krieg mit sich selbst, sie ist der Schmerz der Un-Liebe.

Ewigkeit

Der Tod existiert für uns nicht mehr. Unser Tod ist die Taufe, durch die wir am Tode Christi teilhaben, durch die wir in Christus sterben. Christus starb für uns und an unserer Statt, darum brauchen wir nicht mehr zu sterben. Der leibliche Tod ist nichts anderes als der Anfang des ewigen Lebens, die Bedingung für die Auferstehung. Wer getauft ist, hat den Tod schon überstanden. Der andere »Tod« ist nicht mehr Tod, sondern das Zusammentreffen mit Christus.

Christus ist der »Erstgeborene unter den Toten«, wie Paulus sagt. Das heißt, Christus war der erste, der von den Toten auferstanden ist, der als erster aus dem Leib des Todes ins neue Leben hineingeboren wurde. Alle anderen folgen ihm später nach wie die weiteren Geschwister, die nach dem Erstgeborenen aus dem Mutterleib hervorgehen.

Für einen Mönch, für einen religiösen Menschen, existiert der Tod nicht mehr, sondern ist längst überwunden. Und wer in Gemeinschaft mit Gott lebt, der weiß, daß ihn nichts mehr schrecken kann.

Die Welt macht sich die größten Sorgen um die Flüchtigkeit des Lebens. Wir aber freuen uns gerade, daß es so flüchtig ist und daß die Tage so schnell vergehen. Wir sehen das Leben vorüberfliegen wie einen Schnellzug und freuen uns darüber, wie sich jemand freut, der in einem Zug sitzt und schnell seinem Ziel, einem glücklichen Wiedersehn, entgegenfährt. Die Zeit ist ein Zug mit einem Ziel, die uns zu jemand bringt.

Und es ist eine Lüge zu behaupten, das Leben sei kurz. Unser Leben ist nicht kurz, sondern ewig. Wir haben nicht den Tod, sondern die Ewigkeit vor uns. Wir wurden nicht geboren um zu sterben, sondern um zu leben und ewig zu leben. Beklagen wir doch nicht die Flüchtigkeit der Zeit, das Leben hört ja nicht auf, die Zeit hört nur auf (die nur ein beständiges Gleiten der Zukunft in die Vergangenheit ist, ein Fließen dessen, was noch nicht ist in das, was nicht mehr ist), und dann kommt die Ewigkeit, die immer gegenwärtige Gegenwart, ohne Zukunft und Vergangenheit, ohne Ende, das Leben in ewiger Gegenwart. Fürchten wir doch nicht den Tod, wir sterben ja nicht, wir gehen nur in ein vollendeteres, wahreres, lebendigeres Leben über.

Wie eine Raupe, die in ihrem Kokon einschläft und dann, in einen Schmetterling verwandelt, wieder aufwacht.

»Ich sah einen neuen Himmel und eine neue Erde«, sagt Johannes in der Offenbarung. Das Weltall stirbt nicht, es gibt kein »Ende« der Welt, sondern eine Erneuerung. Wenn es heißt, die Sterne werden vom Himmel »fallen«, so bedeutet das nur, daß es ein neues Weltall geben wird, einen Kosmos mit einer neuen Struktur. Und in dieser neuen Welt wird es auch ein neues Leben geben. Wir gehören zu diesem neuen Weltall, das sich noch im Werden befindet und dessen erstes Samenkorn der auferstandene Christus ist. (»Der Erstgeborene unter den Toten« und »Die Erstlingsgabe der Auferstehung«.) Dieses Samenkorn wird aufgehen und sich vermehren, bis die neue Welt die alte ersetzt hat. (»Das Himmelreich ist wie ein Senfkorn . . .«) Die Materie wird neu erschaffen, in einer neuen, unvergänglichen Art, mit einer neuen nuklearen und zellularen Struktur, und der Mittelpunkt dieser neuen Welt wird Christus sein, und die ganze Schöpfung wird sich um Ihn drehen wie die Erde und die Planeten sich um die Sonne drehen.

»Die Stadt braucht auch nicht die Sonne noch den Mond,

damit sie ihr scheinen, denn die Herrlichkeit Gottes erhellt sie, und ihre Leuchte ist das Lamm.« (Offenbarung 21, 23) Wenn wir uns mit Christus vereinigen, werden wir eins mit der Auferstehung und der Erneuerung des Weltalls und trinken an der wirklichen Quelle des Frühlings.

Die Zikaden, die 17 Jahre als Larven in der Erde eingegraben sind und dann plötzlich eines Frühlings auferstehen und singen, sind ein Symbol für die Auferstehung Christi und der unseren. Jeder neue Frühling ist ein Symbol dieser Auferstehung.

Sein wie Gott

»Ein Christ ist immer ein Pilger«, sagt Klemens von Alexandria. Wir sind Touristen, die ein Land ohne allzu großen Schmerz verlassen, weil wir in die Heimat zurückkehren. Wir gehen nicht traurig aus dieser Welt wie Menschen, die ins Exil gehen, sondern fröhlich, wie Vertriebene, die wieder nach Hause können, wie Emigranten, die zurückkehren.
Für alle, die nicht an das ewige Leben glauben, sind die Freuden und Vergnügungen traurig, weil sie einmal ein Ende haben. Nur wer seine Hoffnung auf die Ewigkeit setzt, kann die irdischen Freuden von Herzen genießen, weil er in ihnen eine Ankündigung der Freuden sieht, die auf ihn warten. Er freut sich, daß die irdischen Freuden flüchtig sind und bald aufhören, weil er sich nach denen sehnt, die noch kommen.
»Jetzt sehen wir wie in einem Spiegel«, sagt Paulus, im Himmel aber werden wir von Angesicht zu Angesicht schauen und erkennen, wie wir erkannt worden sind. Jetzt können wir die Wesen im Mysterium ihres Seins nicht erfassen. Wir erfassen nicht, wie sie wirklich sind, wie sie von Gott erkannt und von Gott besessen werden. Unsere Sinne lassen uns nur ein Abbild wahrnehmen, eine Form, eine Farbe, einen Geschmack, ein Gefühl der Dinge, aber nicht die Dinge selbst.
Alles sind nur Eindrücke der Sinne, die von unserem Hirn zurückgespiegelt werden. Wie wird das wirkliche Schauen sein, wie werden sich unsere Freunde, alle Menschen unserer Umgebung, die ganze Welt verwandeln, wenn wir sie zum ersten Mal nicht als Sinneseindrücke wahrnehmen, sondern im Glanz dessen, was sie wirklich

sind. Wir werden sie erkennen, wie Gott sie erkennt und lieben, wie Gott sie liebt. Und auch Gott selbst werden wir erkennen, so wie Er uns jetzt erkennt, weil wir dann auch Gott »von Angesicht zu Angesicht« schauen werden und nicht, wie jetzt, reflektiert im Spiegel der Dinge. Und wenn wir Gott wirklich schauen, sehen wir auch gleichzeitig alle Dinge von Angesicht zu Angesicht, wie sie von Gott gesehen werden, wie sie wirklich sind.

Wir werden die Schönheit sehen, nicht die Schönheit, die sich in den Dingen widerspiegelt, sondern die Schönheit an sich, direkt und ohne Vermittlung der Dinge. Wir werden die Schönheit sehen und nicht schöne Dinge, wir werden ohne Schleier sehen, einfach schauen. Im Himmel sein heißt schauen und schauen und gleichzeitig auch lieben und lieben und lieben. Denn Sehen bedeutet Lieben, und Lieben heißt Besitzen. Und etwas besitzen heißt, sich an etwas erfreuen. Auch hier auf Erden haben wir Freuden kennengelernt, größere und kleinere, aber alle waren die Freude am Besitz. Die Dinge sind jedoch begrenzt, und die Freude an ihnen kann also nicht größer sein als die Dinge selbst sind. Die Freude am Besitz Gottes aber ist wie ein unendliches Meer der Freude, ohne Grund und ohne Grenzen, wie ein Jubel, der immer brausender anschwillt bis über die Grenzen unserer äußersten Fähigkeit zur Freude hinaus.

Wir werden erkennen, wie wir jetzt schon von Gott erkannt sind. Wir werden Gott besitzen, wie wir jetzt schon von Ihm besessen werden, wir werden Herren Gottes sein, wie Gott jetzt schon unser Herr ist, wir werden Freude spüren wie Gott und Gott sein wie Gott Gott ist. Denn Gott sehen, heißt Gott besitzen, und Gott besitzen, heißt sein wie Gott. »Wir wissen aber, wenn Er erscheint, werden wir Ihm gleich sein, weil wir Ihn schauen, wie Er ist.« (Joh. 3, 2)

Dann werden wir uns alle zum ersten Mal wirklich kennenlernen, und der Himmel wird eine Gemeinschaft der Liebe sein. Denn auf Erden kennen wir uns nur scheinbar. Auch zwei, die sich wirklich kennen und lieben, sind sich immer ein tiefes Geheimnis, sind im Grunde immer zwei Unbekannte. Und auch wir selbst sind uns unbekannt, sind uns immer ein Rätsel. Nur im Himmel können wir uns den anderen wirklich mitteilen, können unser inneres Wort weitergeben und brauchen nicht einmal eine Sprache dazu, weil eine vollendete Kommunikation der Liebe zwischen allen herrscht. Und es wird auch keine Zeit mehr geben, wie in der Offenbarung steht. Die Qual der Zeit, die vorübereilt, das Fest, das zu Ende geht, wird nicht mehr bestehen. Wir werden uns nicht mehr fragmentarisch in der Zeit erkennen, in diesem Fluß, der immer weiterfließt, sondern mit einem vollständigen Erkennen, mit der totalen Gegenwart aller, die wir lieben.
Unsere Rede hier wird augenblicklich vom Wind verweht, unser Lachen vergeht. Die Freude am Zusammensein, die zwei Liebende spüren, verflüchtigt sich in der Zeit wie Rauch im Wind. Aber im Himmel wird es weder Raum noch Zeit geben. Dann werden wir in Ewigkeit lieben, im ewigen Leben, in einem Leben, das Bewegung ist, aber doch nicht vorübergeht, in ewiger Gegenwart.
Dann gibt es auch die Qual des Raumes nicht mehr. Jetzt können wir nicht gleichzeitig mit allen zusammensein, die wir lieben, um bei den einen zu sein, müssen wir abwesend von den anderen sein. Und dann gibt es so viele andere, die wir nicht einmal kennen und darum auch nicht lieben können. Die wir jetzt lieben, waren uns ja auch einmal unbekannt und fremd. Im Himmel aber sind wir alle zusammen und erfreuen uns an der Gemeinschaft mit der ganzen Menschheit, mit denen, die wir hier undeutlich und unvollkommen lieben und mit denen, die

wir nicht lieben, weil wir sie nicht kennen. Und um wieviel intensiver mögen sich die lieben, die sich auf Erden schon liebten, gefangen zwischen den Zufälligkeiten von Zeit und Raum! Alle Toten werden wir wiedersehen, und keine Menschenschönheit kann sich mit der Schönheit ihrer verklärten Leiber messen. Die Schönheit des menschlichen Körpers kann uns eine Ahnung vom Glanz der Auferstehung vermitteln, von dem, was der Himmel bedeutet. Novalis hat einmal gesagt, in gewissem Sinn sei einen menschlichen Körper berühren soviel wie den Himmel berühren. Aber die Schönheit altert. Die irdische Schönheit verhält sich zur Schönheit eines auferstandenen Leibes wie das Samenkorn zur Pflanze, wie Paulus sagt. Was kann uns also Geld, Erfolg oder Vergnügen bedeuten, wenn wir an den Himmel denken! Dann fürchten wir nicht den Tod, sondern wünschen ihn herbei. Dann beklagen wir nicht das Sterben unserer Lieben, sondern beneiden sie, weil wir auch dort sein möchten, wo sie jetzt sind. Wir wollen schnell alt werden und wünschen, das Leben möge bald vergehen. Zeit und Raum sollen ein Ende haben, die Enttäuschungen, die Ängste, die Mißerfolge, die Krankheiten, die Angst vor dem Tod und sogar die Freuden sollen bald vorüber sein.

Paradies, Leid

Gott stellte einen Engel mit einem Flammenschwert vor das Paradies, und von diesem Augenblick an wohnt in jeder irdischen Freude Traurigkeit, Angst und Überdruß. Seitdem der Mensch aus dem Paradies vertrieben wurde, verzehrt er sich in der Hoffnung, es wiederzufinden. Die Kindheit, der Frühling, das erste Entdecken der Liebe sind Spuren, die vom Paradies zurückgeblieben sind, und auch die Tiere, die die Unschuld nicht verloren haben wie der Mensch, haben noch etwas vom Paradies.

Aber das Paradies findet man nicht in den Tropen, wie Kolumbus glaubte, und auch nicht in den »Tropenparadiesen«, die von den Reisebüros angepriesen werden. Das Paradies liegt nicht in Florida und nicht in Miami Beach, sondern auf Golgatha.

»Noch heute wirst du mit mir im Paradiese sein.« Der Dieb hatte zu Christus von dessen Königreich gesprochen: »Denk an mich, wenn du in deinem Königreich bist.« Christus aber antwortet ihm mit dem Wort »Paradies«. Er wollte damit sagen, daß Er gerade dabei war, die Tore des Paradieses für den Menschen wieder zu öffnen. Das war keine Metapher, denn wer sterbend am Kreuze hängt und mit einem anderen Sterbenden spricht, ist nicht in der Stimmung, in Metaphern zu reden. Wer das Kreuz umarmt hat und die Schädelstätte hinaufgestiegen ist wie Christus, weiß ganz genau, daß das keine Wortspielerei ist.

Von dem Augenblick an blieb das Paradies für den Menschen offen, aber es liegt nicht im Vergnügen und im Komfort, sondern im Leid.

Das Paradies ist die Vereinigung mit Gott. Die Versöh-

nung mit Gott verwandelt die Erde wieder in einen Garten Eden. Dort, wo Er und wir sind, ist Paradies, und die ganze Natur ist der herrliche Rahmen für unsere Vereinigung: der gestirnte Himmel, die Berge und die blühenden Apfelbäume. Die Natur ist nicht mehr feindlich für den, der in der Gegenwart Gottes lebt, denn er fühlt sich gefeit gegen alles Böse wie Adam im Paradies. Ohne die Gegenwart Gottes sieht sich der Mensch umgeben von Gefahren, er fühlt jederzeit, daß die Dinge ihn verletzen, zerdrücken, ersticken, zerstückeln, schlagen, beißen können. Wer aber in Gemeinschaft mit Gott lebt, der weiß, daß kein Blatt vom Baume fällt ohne Seine Zustimmung, daß alle Haare auf seinem Haupte gezählt sind und daß ihm kein geschaffenes Wesen etwas zuleide tun kann.
Für den, der in Gemeinschaft mit Gott lebt, ist alles wie von einem besonderen Licht verwandelt, und eine Quelle der Freude bricht aus allen Dingen des täglichen Lebens. Jeder Augenblick seines Lebens atmet Glück, eine Art Verzauberung verwandelt alles, was er anfaßt oder tut.
Das Paradies ist Liebe. Jeder Liebende war für kurze Augenblicke im Paradies, wer aber in der Liebe Gottes lebt, der lebt immer dort.
Auch die menschliche Liebe ist ein schwacher Schimmer der Ewigkeit. Es ist jedoch eine flüchtige Ewigkeit. Man sieht undeutlich die Ewigkeit durch diese Flüchtigkeit hindurchscheinen, denn das Leben Gottes ist auch Flüchtigkeit, aber eine ewige Flüchtigkeit, eine unendliche Gegenwart, die nie vorübergeht. Die menschliche Liebe ist eine flüchtige Ewigkeit, aber die Freude Gottes ist eine ewige Flüchtigkeit, weil die Ewigkeit Gottes nicht statisch ist, sondern ewiges Leben. Gott ist der Quell allen Lebens und aller Bewegung.
Die menschliche Liebe nahm ihre Sprache von der mystischen Liebe, wie Bergson sagt, und es war nicht die my-

stische Liebe, die ihre Sprache von der menschlichen Liebe nahm.

Heutzutage scheitern so viele Ehen, weil die Ehe fast wie diese mystische Liebe angesehen wird. Das moderne junge Mädchen geht mit der gleichen Erwartung in die Ehe wie die Nonne ins Kloster. Und von der kommerziellen Werbung wird das Familienleben dargestellt wie eine Art Paradies auf Erden. So erwartet man, der andere sei wie ein Gott und das Familienleben könne alle unsere Wünsche befriedigen. Der unendliche Durst im Menschen kann aber von keinem anderen Menschen, sondern nur von Gott gestillt werden.

Ruhm, Kenntnis

Wir alle haben den Wunsch, bekannt zu sein. Die Ameise arbeitet fröhlich vor sich hin, zufrieden mit dem kleinen Stück Schöpfung, das Gott ihr zugedacht hat. Sie will weder bekannt noch berühmt sein, sondern ist glücklich in ihrer Anonymität, in der Gott sie schuf, und zufrieden damit, einfach zu existieren. Gott kennt sie, und das genügt. Wir aber spüren es, wenn unser Leben klein und unscheinbar ist. Wenn wir in der Welt nicht bekannt und anerkannt sind, ist das für uns fast so, als ob wir überhaupt nicht existierten.

Auch die Spinne in ihrem Netz fragt nicht nach Popularität. Eine Libelle gibt keine Autogramme, und doch ist ein Filmstar in all seiner Herrlichkeit nicht gekleidet wie sie. Der virginische Fink durchstreift hurtig die Wälder, er flieht vor jeder Öffentlichkeit und sucht seine Schönheit eher zu verstecken. Und das wilde Kaninchen verbirgt sich in den Feldern und ist glücklich über sein kleines Leben. Wir aber wollen beachtet sein, wollen kein unscheinbares Leben.

Tatsächlich bedeutet bekannt sein, lebendig sein, und daher ist unser Hunger nach Ansehen verständlich. (Und wenn wir nicht angesehen sind, fühlen wir uns wie Schatten.)

Glorie heißt auch Ruhm, und die Glorie des Himmels ist das gleiche wie menschlicher Ruhm, nämlich bekannt sein. Aber der menschliche Ruhm ist ein falscher Ruhm, ein falsches Berühmtsein, denn die Menschen, die uns kennen, sind ja selbst nicht mehr als wir, und ob wir nun bei ihnen angesehen sind oder nicht, hat überhaupt keine Bedeutung für unser wirkliches Sein. Wenn wir ein un-

scheinbares und unbekanntes Leben in dieser Welt führen, sind wir weder weniger noch mehr als die, die ihr Ansehen ihrem Manager verdanken, die ihren Namen täglich auf den Titelseiten der Zeitungen sehen und Radio- und Fernsehinterviews geben.
Unsere wirkliche Existenz besteht darin, bei Gott bekannt zu sein. Je bekannter wir Gott sind, desto mehr sind wir. Und wenn Gott uns nicht kennt, existieren wir auch nicht, denn Gott kennt alles. Nur das Böse ist Gott unbekannt, denn Er ist unendlich unschuldig.
Darum wiederholte der heilige Franz von Assisi so oft: »Ich bin nur der, der ich vor Gott bin.« Durch Christus wissen wir, daß Gott den, der nicht im Himmelreich aufgenommen wird, mit den Worten abweist: »Ich kenne dich nicht.«
Wir sehnen uns nach Ruhm und Ansehen, weil wir dunkel ahnen, daß wir nicht wirklich existieren, wenn wir nicht im Bewußtsein irgendeines Menschen oder irgendeiner Macht außerhalb unserer selbst existieren. Wir fühlen, daß Unbekanntsein so viel bedeutet wie Nicht-Sein. Das Ansehen bei den Menschen macht uns jedoch nicht unsterblich, denn alle anderen sind ja genauso vergänglich wie wir und wollen sich ihrerseits genauso wie wir im Bewußtsein eines anderen widergespiegelt sehen, um nicht als Schatten zu existieren. Unsere Wirklichkeit hängt also im Grunde von anderen Schatten ab. Wir glauben, wir seien wirklich und sehen uns doch nur in der Unwirklichkeit der anderen widergespiegelt. Wir sind also Schatten von Schatten. Und darum ist aller menschlicher Ruhm eitel Schall und Rauch.
Das ewige Leben bedeutet auch erkennen. »Ich werde erkennen wie ich erkannt worden bin.« Der Himmel ist Sehen, Betrachten und Schauen. »Unser Preis wird das Sehen sein«, sagt Augustinus. Denn Sehen und Verstehen

und Wahrnehmen heißt Besitzen. Das ist das »Erkennen« im biblischen Sinn. Sehen bedeutet Empfangen. Wie wir mit den Augen und den übrigen Sinnen die ganze Wirklichkeit, die uns umgibt, in uns aufnehmen, so sehen und empfangen und besitzen wir auch Gott. »Wir wissen aber, wenn Er erscheint, werden wir Ihm gleich sein.« Wenn wir Gott sehen, werden wir sein wie Gott, denn der Mensch ist von Natur aus ein Nachahmer, also bedeutet für den Menschen Ihn sehen, Ihn nachahmen. Im Laufe der Ewigkeit werden wir Gott immer ähnlicher. Die Seele, die Gott schaut, ist also Gott.

Die Seele ist vor allem wie ein Spiegel und darum in sich selbst nicht viel wert, wie der Spiegel, der nur ein Stück Glas ist. Erst die lächelnde Schönheit, die er widerspiegelt, macht ihn wertvoll. Die Schönheit der Seele ist die Schönheit Gottes, die sich in ihr widerspiegelt. Eine Seele ohne Gott ist daher wie ein Spiegel ohne Wiedergabe, ein leerer Spiegel, also eigentlich etwas, was gar nicht existiert.

Der Mensch hat von sich aus einen Durst nach Wissen, nach Erkennen und Besitzen, das ist der Durst nach Gott. In allen Dingen suchen wir die Erkenntnis Gottes: in allen Reisen, in der Wissenschaft, in den Büchern, in der Liebe. Dieser Wissensdurst in uns wird nur gestillt, wenn wir Gott schauen. Therese von Lisieux freute sich auf den Himmel, weil sie dort alles verstehen würde, den Wind, die Blumen und die Vögel.

Wissen, wissen, wissen.

In der Ewigkeit werden wir aber nicht nur die beschränkte Wirklichkeit, die durch unsere fünf Sinne in uns eingeht, kennenlernen, sondern die ganze Wirklichkeit, so wie sie tatsächlich ist, mit dem »Erkennen« im biblischen Sinn, im liebenden Besitzen.

Cesar Vallejo hat das einmal so ausgesprochen: »Auch die ungeküßten Küsse werden euch gegeben werden.«

Evolution

Die Bienen geben uns Honig, und die Seidenraupen kleiden uns; der eigentliche Sinn der Pflanzen und Tiere ist aber nicht, den Menschen zu kleiden und zu nähren oder ihm indirekt durch andere Tiere zu nützen, sondern ihm durch die lange Kette der Evolution das Leben selbst übermittelt zu haben. Die Natur ist ein Teil des Menschen und dazu ausersehen, gleichzeitig mit uns an der Auferstehung teilzuhaben. Die vor 500 Millionen Jahren versteinerten Trilobiten starben nie wirklich aus, sondern gaben unserem Körper ihr Leben weiter und leben also praktisch noch in uns und erwarten mit uns die Auferstehung.

Der Mensch ist solidarisch mit der ganzen Schöpfung. Als Adam sündigte, wurde die ganze Natur seinetwegen mitverdammt. »Verdammt sei die Erde deinetwegen«, sagte Gott. Als Gott bereute, den Menschen erschaffen zu haben und die Sintflut schickte, bereute Er gleichzeitig die Erschaffung der ganzen Natur: »Ich werde vom Antlitz der Erde auslöschen den Menschen, den ich schuf und mit ihm die Säugetiere, die Reptile und die Vögel des Himmels . . .«

»Durch den Menschen«, heißt es in der Genesis »kam die Gewalttätigkeit auf die Erde, und alle Kreatur wurde verderbt auf dem Erdkreis«. Als Gott dann mit Noah einen neuen Bund schloß und als Zeichen den Regenbogen einsetzte, versöhnte Er sich auch mit der ganzen Natur. Auf die gleiche Weise umfaßt der neue Bund Christi nicht nur die Menschen, sondern alle Kreatur. Nach Seiner Auferstehung sagte Christus zu den Aposteln, sie sollten das Evangelium aller Kreatur predigen, nicht nur den Menschen. Und darum schreit alle Kreatur mit uns in Geburtsschmerzen und erwartet mit uns die Auferstehung. Durch die biologische Evolution sind wir mit allen Wesen der Erde verbrüdert, und unsere Auferstehung wird einfach ein weiterer Schritt, der letzte, dieser Evolution sein. Christus ist der erste Entwurf dieser neuen »biologischen« Ära, oder wie Paulus sagt, »der Erstgeborene« und »die Erstlingsgabe der Auferstehung«. Unsere Auferstehung ist eine weitere Metamorphose. Alle anderen Metamorphosen des Lebens vom Präkambrium und Kambrium an über das Silur und Devon und Karbon und Perm bis zur heutigen Zeit helfen uns, diese neue und letzte Umwandlung zu verstehen. (Paulus sagt, es genüge schon, wenn wir die Verwandlung, die ein Weizenkorn durchmacht, verstehen.)

Alle Geburt ist schmerzhaft, weil sie auch eine Art Sterben ist. Das Heraustreten aus dem mütterlichen Schoß bedeutet für das Kind das Aufhören seiner früheren Existenz, seines behaglichen embryonalen Zustandes, und darum tritt es mit einem Schrei ins Leben. Alle Stufen des Wachstums sind weitere schmerzhafte Tode, durch die jeder von uns hindurch muß. »Es sei denn, daß das Weizenkorn in die Erde falle und ersterbe, so bleibt es allein, wo es aber erstirbt, da bringt es viele Früchte.« Und wenn die Zelle sich nicht teilt, bleibt sie allein, wenn sie sich aber teilt, bringt sie viele Frucht. Auch die Sterne sind wie Weizenkörner, sie beginnen ihr Leben mit einem schmerzhaften Tod durch große Explosionen.

Das ganze Weltall ist wie ein Weizenkorn und wartet, wie ein Kind im Mutterleib, auf seine Geburt. Darum heißt es »die Kreatur seufzt in den Schmerzen der Geburt«.

Auch unsere Wiedergeburt ist schmerzhaft, wir möchten ihr widerstehen, denn wir fühlen uns so behaglich in der Enge unserer gegenwärtigen Welt wie in der Dunkelheit

und Wärme des mütterlichen Leibes. Wir schlafen eher als wir leben und wollen nicht geboren werden, nicht ins Leben hinaustreten. Der Prozeß des Lebens läßt sich aber nicht aufhalten; wenn wir nicht geboren werden, sterben wir. Christus sagt zu Nikodemus: »Wer nicht wiedergeboren wird, kann nicht in das Himmelreich eingehen.«
Christus ist der Erstgeborene dieses neuen Lebens, der »Erstgeborene unter den Toten«. Das leere Grab am Ostersonntag ist wie der Leib, aus dem der erste Sohn geboren wurde. Ein Teil unserer Materie (Kalk, Eisen, Phosphor, Kalium) sind bereits aus dieser Welt ausgetreten und gehören schon zur neuen Schöpfung. Als das Grab am Ostersonntag leer blieb, entstand ein Stück Leere in der Materie des Universums.
Das alles ist ein natürlicher biologischer Prozeß, der ganz klar in diesem Gleichnis beschrieben ist: »So ist es mit dem Gottesreich, wie wenn ein Mann den Samen übers Land wirft. Er schläft und wacht wieder auf, so Nacht für Nacht und Tag für Tag. Und die Saat sproßt und wächst, wie, weiß er selber nicht. Von selber trägt die Erde Frucht: Saatgrün zuerst, dann Ähren und dann in den Ähren volles Korn. Läßt es die Frucht zu, so legt er sogleich die Sichel an: die Erntezeit ist da.«
Die Ernte kommt früher als wir denken. Der Prophet Amos sagt, daß in jenen Tagen der, der pflügt, den Schnitter schon hinter sich sieht.

Vermenschlichung der Menschheit

Christus hat uns in vielen Gleichnissen erklärt, daß das Himmelreich ein Evolutionsprozeß ist: ein Weizenkorn, ein Same, der ins Land gesät wird, Hefe, die eine Frau in den Teig knetet, oder ein Senfkorn, das kleinste aller Samenkörner, das als Baum alle Pflanzen überragt und in dessen Zweigen die Vögel des Himmels nisten.

Man kann annehmen, daß Er Vergleiche aus der Natur und aus dem täglichen Leben nahm, um uns zu zeigen, daß das Himmelreich dem gleichen Prozeß der Natur und der gewöhnlichen Dinge angehört. Gleichzeitig wollte Er auch damit sagen, daß das Himmelreich ein langsamer Prozeß ist, so langsam wie die Entstehung der Sterne durch Millionen und Billionen von Jahren hindurch und wie die Entstehung der Erde durch lange geologische Zeitalter, währenddessen sich das Himmelreich schon langsam auf der Erde formte.

Das Weltall ist nicht nur aus Raum, sondern auch aus Zeit geschaffen, oder aus Raum, der Zeit ist. Wenn wir die Augen zu den Sternen erheben, sehen wir nicht nur durch den Raum hindurch, sondern auch durch die Zeit. Wenn wir im Teleskop weit entfernte Sterne betrachten, weicht nicht nur der Raum zurück, sondern auch die Zeit, denn was wir sehen, liegt viele Äonen zurück.

Diese Ausdehnung der Zeit im ganzen Weltall ist ebenfalls wie ein Gleichnis vom Himmelreich. »Wenn ihr nur soviel Glauben hättet wie ein Senfkorn . . .«, sagt Christus. Und wir wissen ja, daß in einem Senfkorn der ganze Senfbaum mit eingeschlossen ist. Auch die ganze biologische Evolution war in der ersten Zelle eingeschlossen. Wir haben nur die Samen, unscheinbare kleine Körner.

Glauben heißt, ein Häufchen häßlicher, verschrumpelter, trockener Samenkörner in der Hand halten.

In diesen Gleichnissen von den Samenkörnern liegt ein tiefer Sinn: die Samen gehören auch zum gleichen Stammbaum der Evolution. Wir stammen von ihnen ab oder sind vielmehr eine spätere Entwicklungsstufe dieser Samen. Zusammen mit allen anderen Lebewesen der Tier- und der Pflanzenwelt bilden wir einen gleichen Stammbaum des Lebens. Das Himmelreich ist nicht nur wie ein Samenkorn, es ist ein Samenkorn. Eine erste Zelle fing an, sich zu teilen und zu vermehren und formte so zuerst den Weizen und den Senfbaum, danach den Menschen und im Innern des Menschen – eingeschlossen wie die Pflanze im Samen – das Himmelreich. Und genauso wie das Weizenkorn und das Senfkorn und jede Zelle sich teilen muß, um sich vermehren zu können, so muß auch der Mensch erst sterben, damit der wirkliche, vollständige Mensch, der mystische Körper geformt werde, bis »der Leib Christi seine volle Größe erreicht hat«, wie Paulus sagt. Und in diesem mystischen Körper sind alle Lebewesen eingeschlossen, unser ganzer Stammbaum, wie die Vögel des Himmels, die im Wipfel des Senfbaums nisten. Denn das Himmelreich ist Evolution, eine biologische Fortsetzung des Mineralreiches und des Pflanzenreiches und des Tierreiches und auch der Menschenreiche. Es ist die Sozialisierung der Menschheit oder die Vermenschlichung der Menschheit, wie Teilhard de Chardin sagt.

Die Juden stellten sich unter dem Himmelreich ein irdisches Reich vor und hatten auch recht damit, denn das Himmelreich ist auch irdisch, ist das auf Erden begründete Himmelreich, und darum bitten wir im Vaterunser, daß es zu uns kommen möge. Das Himmelreich ist ein Reich oder – wie wir heute sagen würden – eine Republik, eine soziale Ordnung. Das Himmelreich ist sozial, eine ecclesia (Gemeinschaft der Gläubigen), ein geistiger Marxismus. Die Juden irrten sich aber, genauso wie die Marxisten heute, wenn sie dachten, das Himmelreich wäre eine der Regierungsformen, wie sie hier auf der Erde üblich sind. Denn Christus sagte zu Pilatus: »Mein Reich ist nicht von dieser Welt.« Es ist also anderer Art. Zu seinen Aposteln sagte Er: »Die Könige der Heidenvölker wollen über sie den Herrn spielen, ihre Mächtigen lassen sich ›Wohltäter‹ nennen. Bei euch soll es aber nicht so sein. Vielmehr der Größte unter euch soll wie der Jüngste werden und der Vorsteher wie der Diener.« Es handelt sich also um eine umgekehrte Ordnung. Das Himmelreich ist ein Reich ohne Untertanen, ein demokratisches Reich, oder wie Petrus sagt, »ein Reich von Königen«. Jesaja hat uns dieses Reich wie eine wirkliche Sozialordnung angekündigt, die wir Menschen hier auf Erden realisieren sollen. »Der Wolf ist beim Lamm zu Gast, der Panther lagert bei dem Böcklein, und Kalb und Löwe fressen miteinander. Ein kleiner Knabe treibt sie aus, und Kuh und Bär befreunden sich und werfen beieinander ihre Jungen, und Stroh frißt gleich dem Rind der Löwe« (Jesaja 11, 6–8). Christus kam auf die Erde, um diese Sozialordnung hier einzusetzen. Im Kleinen existieren solche Reiche in einigen christlichen Gemeinschaften, in Klöstern zum Beispiel, aber unter so künstlichen Bedingungen wie in einem Laboratorium. In den Klöstern wird die Gesellschaftsordnung der Zukunft experimentiert, aber Christus wollte Sein Reich nicht nur unter Laboratoriumsbedingungen einsetzen. Seine Regierungsform sollte die gleiche an allen Orten, in allen Völkern, in der ganzen menschlichen Gesellschaft sein. Die Kirche ist die Menschheit. Und unsere Kirche heute ist das kleine, unscheinbare Samenkorn dieser Menschheit.

In all diesen Gleichnissen – vom Hausvater, von der Hefe, vom neuen Wein – will Christus uns verständlich machen, daß das Himmelreich ein Naturprozeß ist, ein Prozeß des ständigen Werdens und Vergehens, das aller Natur eigen ist und das auch ein Gesetz des Lebens ist: Tradition und Revolution, Abenteuer und Ordnung, Neu-Erfinden und Am-Alten-Festhalten. Das Samenkorn stirbt und wird neu geboren, die Jahreszeiten kommen und gehen, die Menschen werden geboren und sterben, das ganze Leben ist eine immerwährende Erneuerung.

Weltall, Mensch

Wenn wir uns in einer sternenklaren Nacht in die Unendlichkeit des Weltalls vertiefen (unsere Milchstraße hat 300 000 Millionen Sterne; es gibt Sterne, die so hell wie 300 000 Sonnen sind und 100 Millionen Milchstraßen im erforschbaren Weltall), dann sollten wir uns nicht klein und unscheinbar fühlen, sondern uns vielmehr gerade unserer Größe bewußt sein. Denn der menschliche Geist ist unendlich viel größer als alle Welten, weil er sie verstehen und in sich aufnehmen kann. Die Welten dagegen können den Menschen nicht begreifen. Sie sind aus einfachen Molekülen zusammengesetzt wie der Wasserstoff, dessen Moleküle nur aus einem Kern und einem Elektron bestehen. Der menschliche Körper aber besteht aus vielen komplizierten Molekülen, und vor allem hat er ein Leben, dessen Vielfältigkeit über die molekulare Welt hinausgeht. Der Mensch hat ein Gewissen und kennt die Liebe. Wenn ein Verliebter sagt, die Augen seines Mädchens glänzten heller als tausend Sterne, so hat er tatsächlich recht damit, auch wenn Sigma im Sternbild Dorado 300 000mal heller als die Sonne ist. Denn aus diesen Augen strahlt das Licht der Intelligenz und der Liebe, und einen solchen Glanz haben weder Sigma im Dorado noch Wega in der Leier, noch Antares. Und wenn der Radius des Universums auch 100 000 000 000 Lichtjahre umfaßt, irgendwo ist er doch einmal zu Ende. Der elendste aller Menschen ist größer als das ganze Universum, seine Art von Größe geht über die Masse bloßen Rauminhalts hinaus. Denn das ganze materielle Weltall kann zu einem kleinen Punkt im Hirn eines Menschen zusammenschrumpfen.

Und diese Welten sind stumm. Wohl loben sie Gott, aber unbewußt, ohne es selbst zu wissen. Wir aber sind die Stimme dieser Welten und ihr Gewissen. Auch zur Liebe sind sie nicht fähig, wir aber sind in Liebe verwandelte Materie.

Unser Begreifen trennt uns jedoch nicht von diesen Welten. Wir selbst sind dieses unermeßliche Universum, sein Gewissen und sein Herz. Wir sind das grenzenlose Weltall, das fühlt und denkt.

Denn die Seele vervollständigt das Universum, wie Platon sagt, sie wurde geschaffen, damit das Weltall einen Intellekt habe. Der Mensch ist die Krone der sichtbaren Schöpfung, es geht also nicht an, ihn unscheinbar und niedrig zu heißen (»gemeiner Erdenwurm«), denn das würde ja bedeuten, wir fänden das ganze Werk Gottes unscheinbar und niedrig.

Wenn wir also in einer sternenklaren Nacht die Unermeßlichkeit des Weltalls bedenken, wird diese Unermeßlichkeit noch viel größer, wenn wir uns gleichzeitig auch in unsere eigene Seele vertiefen. Das Weltall sind wir selbst – da betrachtet also das Weltall das Weltall.

Wir sind das Gewissen des Universums. Die Fleischwerdung des Wortes in einem menschlichen Körper ist gleichzeitig seine Fleischwerdung im ganzen Weltall.

Denn auch die Teile des Weltalls stehen untereinander in Verbindung. Das Kalzium unseres Körpers ist auch im Meer enthalten. Wir haben es aus dem Meer mitgebracht, denn unser Leben entstammt dem Meer. Und das Kalzium unseres Körpers und des Meeres ist auch in den Sternen und in den interstellaren Ozeanen, aus denen die Sterne hervorgegangen sind, vorhanden. Die Sterne sind eine Konzentration der schwachen Materie der interstellaren Räume und sind aus ihnen hervorgegangen wie wir aus dem Meer. In Wirklichkeit sind die interstellaren

Räume und die Räume zwischen den Milchstraßen ja auch nicht leer. Das ganze Weltall besteht aus der gleichen Materie, die nur mehr oder weniger verdünnt oder konzentriert ist, so daß der ganze Kosmos eigentlich ein einziger Körper ist. Die Elemente von den Meteoriten, die von den entferntesten Sternen kamen (Kalzium, Eisen, Kupfer und Phosphor), sind die gleichen wie die unseres Planeten und wie die unseres Körpers. So sind wir praktisch aus Sternen gemacht oder, wie man auch sagen könnte, das ganze Weltall besteht aus unserem eigenen Fleisch. Als das Wort Fleisch wurde und unter uns wohnte, hätte es mit Adam von der ganzen Natur sagen können: »Das ist Fleisch von meinem Fleische und Knochen von meinen Knochen.« Im Leib Christi ist wie in unserem Leib die gesamte Natur mit eingeschlossen. Wir alle sind der mystische Leib Christi und die ganze Schöpfung mit uns.

In unserem Körper vereinigen sich alle lebendigen Tiere und alle Fossilien, alle Metalle und die gesamten Elemente des Universums. Der Bildhauer, der einen Stein behaut, besteht aus der gleichen Materie wie der Stein. Er ist das Gewissen des Steins, und der Stein ist auch der Künstler, ist Materie plus Seele. Wenn ein Mensch Gott liebt und sich mit Ihm vereinigt, schließt sich ihm die ganze Schöpfung mit ihren drei Reichen an – dem Mineralreich, dem Pflanzenreich und dem Tierreich – und liebt Gott mit ihm.

So ist die Natur für den Christen heiliger, als sie es je für den heidnischen Pantheismus war. Wir sind mehr als Pantheisten, das Christentum geht weiter als aller Pantheismus, und die Fleischwerdung des Wortes geht über alles hinaus, was sich pantheistische Philosophen je träumen ließen.

Unsere Körper sind heilig. Sie sind Tempel, wie Paulus

sagt. (Und für den Juden gab es nichts Heiligeres als den Tempel.) Und alle Materie hat teil an der Heiligkeit unserer Körper. Gregorius Magnus nennt die ganze Schöpfung einen Tempel. Der Baum, die Steine, die Eidechse und das Kaninchen, die Kometen und die Sterne sind heilig durch uns.

Das ewige Fest

Die Natur kommuniziert ständig mit sich selbst. Und Kommunion heißt Essen und sich zum Gegessenwerden hingeben. Das Essen ist die Kommunion des Lebens. Und Essen ist eine prosaische Sache. Der Schöpfer wollte, daß wir uns, um zu leben, von anderen Lebewesen ernähren sollten. So sollten alle Lebewesen in ständiger Verbindung miteinander stehen. Wir sollten nicht unabhängig voneinander sein und uns selbst genügen, sondern ständig andere Lebewesen in uns assimilieren und durch diese Assimilation in steter Verbindung mit dem ganzen Kosmos stehen. Die Kieselalgen werden gefressen vom Kopffüßer und der Kopffüßer vom Hering, der Hering vom Tintenfisch und der Tintenfisch vom Barsch. Und wenn der Barsch stirbt und zum Detritus wird, dient er wiederum den Kieselalgen zur Nahrung, oder er wird vom Menschen gegessen, und der Abfall (Detritus) des Menschen ernährt die Kieselalge. Leben und Tod ist ein und dasselbe, und das Leben wird immer wieder aus sich selbst wiedergeboren. Es fällt uns schwer, uns die Auferstehung des Fleisches vorzustellen. weil unser Fleisch ja inzwischen Fleisch von anderen Lebewesen geworden ist und durch diese von wieder anderen. Aber gerade in dieser Tatsache sehen wir ja jetzt schon unsere Auferstehung. In welchem Körper erleben wir dann also unsere Auferstehung? Wir auferstehen in allen Körpern und in allen Altern, oder besser gesagt, in einem einzigen Körper mit vielen Altern, in dem wir alle eingeschlossen sind, einer im anderen, wie Kinder im Mutterleib. Nur die Verdammten gehören nicht zu diesem Körper, darum ist die Verdammnis eines Menschen die Verstümmelung des mystischen Leibes. Paulus sagt, alle Kreatur – auch die Pflanzen und Tiere – seufzen und erwarten die Auferstehung unseres Leibes. Und darum genügt es, wenn ein einziger Leib aufersteht, damit alle anderen gleichzeitig mit ihm auferstehen. So genügt es, daß Christus auferstanden ist – der Erstgeborene unter den Toten –, daß die ganze Schöpfung mit Ihm aufersteht.

Christus hat nicht nur die menschliche Natur erlöst, sondern die gesamte Schöpfung. Auch das Brot und der Wein und das Wasser wurden erlöst, die ganze Materie wurde heilig durch Ihn. Die Vögel und die Fische haben teil an der Heiligkeit Christi und an unserer Heiligkeit. Wenn wir mit Christus kommunizieren, kommuniziert der ganze Kosmos mit Christus. Die Mayas glaubten, der Mensch sei aus Mais. Ihnen war diese geheimnisvolle Kommunion also bewußt. Und die Opfergaben der Mayas und aller heidnischen Eucharistien waren ein unbewußtes und unvollständiges Teilnehmen an dieser kosmischen Kommunion, an diesem mystischen Körper. Gott hat den Juden durch den Mund des Propheten Malachias gesagt, auch andere Völker brächten Gott reine Opfer dar. »Vom Sonnenaufgang bis zum Niedergang ist groß mein Name bei den Heiden, so wird an jedem Orte meinem Namen dargebracht ein Räucherwerk, ein reines Speiseopfer. Groß ist mein Name bei den Heiden, so spricht der Herr der Heeresscharen.« (Malachias 1, 11)

Christus wählte Brot und Wein für die Eucharistie, weil das die Grundnahrungsmittel des Mittelmerraumes waren (der Weizen ist noch heute das meistangebaute Getreide auf der Erde). Sie stehen aber für alle Früchte, für Mais und Kakao und Tabak und Kartoffeln und Zuckerrüben. Und jede Frucht ist ein Inbegriff des Kosmos, ist ein Stück eßbares Weltall. So vertreten also Brot und Wein des Abendmahls das ganze Weltall. Sie vertreten auch unseren Körper, denn auch unser Körper ist Frucht, wir sind diese verdauten Früchte in Körper verwandelt. Unser Fleisch und Blut sind Brot und Wein. Und wenn sich Brot und Wein in das Fleisch und Blut Christi verwandeln, so verwandelt sich unser Leib in Christi Leib.

Alle Lebewesen bewegen sich im gleichen kosmischen Rhythmus. Die Rotation der Atome und unsere Blutzirkulation, der Saft der Pflanzen und die Gezeiten des Meeres, die Phasen des Mondes, die Drehung der Sterne in den Galaxien und die Drehung der Galaxien selbst, alles bewegt sich im gleichen Rhythmus, alles ist ein Lobgesang des Kosmos. Alle Naturgesetze, sagt das Buch der Weisheit, sind wie die Saiten eines Psalters. Der Chorgesang der Mönche, die Liturgie des Kirchenjahres, das Leben und der Tod (auch Christi Leben und Tod), alles nimmt teil an diesem kosmischen Rhythmus, wie das Leben des Menschen teilnimmt an der Bewegung des Meeres und der Sterne, an der Fortpflanzung der Tiere und der Sterne. Auch die heidnischen Feste, im Rhythmus der Ernten und Jahreszeiten, nehmen den Menschen in diesen kosmischen Rhythmus auf, auch wenn ihn der moderne Mensch in den Städten fast verloren hat. Denn dieser Rhythmus ist Religion. Wie die Austern in ihrer Fortpflanzung von den Gezeiten des Meeres abhängig sind und der Palolowurm der Südsee von den Phasen des Mondes, so hängt der Mensch von den Rhythmen und liturgischen Zeitkreisen ab. Denn die Religion, sagt die Bibel, gibt dem Menschen sein Gleichmaß. Und darum ist das Leben in New York so schrecklich monoton.

Darum ist alle Religion katholisch – das heißt allgemein –, weil sie nicht nur die Religion aller Menschen, sondern auch die Religion des ganzen Universums ist. Unsere christliche Religion umfaßt alle Mollusken und alle Sterne und auch alle anderen Religionen. Sie umfaßt mehr als das, was im konventionellen Sinn Religion genannt wird, sie schließt den ganzen Menschen ein, mit seiner Dichtung und Kunst, mit seiner Folklore und seinen Tänzen, mit Saat und Ernte, mit dem Wachstum der Pflanzen und der Tiere und mit der Liebe zwischen Mann und Frau; und außerhalb dieser Religion gibt es keine Rettung.

Das ganze Weltall ist Gesang: Lobgesang und Festgesang und Hochzeitsgesang (». . . ein König bereitete seinem Sohn ein Hochzeitsmahl«). Wir sind noch nicht im Festsaal angelangt, wir sind aber eingeladen und sehen schon die Lichter und hören schon die Musik. »Um Mitternacht erscholl der Ruf: ›Der Bräutigam! Auf, geht ihm entgegen‹« (Matth. 25, 6). Johannes der Täufer kündigt uns Seine Ankunft an mit den Worten: »Wer die Braut hat, ist Bräutigam, der Freund des Bräutigams indes steht da und hört ihn und freut sich herzlich ob der Stimme des Bräutigams« (Joh. 3, 29). Die Liturgie ist die tägliche Erinnerung hier auf Erden und hier in der Zeit an dieses Hochzeitsmahl, das in der Ewigkeit seinen Anfang nahm. Für die Kirche sind darum alle Tage des Jahres Festtage, und in der Liturgie wird jeder Tag »feria«, Fest, genannt. Jeder Tag des Kalenderjahres und des Kirchenjahres ist für uns ein Bild dieses ewigen Festes, das kein Ende hat. Und unser Lobgesang, zusammen mit dem Lobgesang der Sterne und der Atome, ist der gleiche Lobgesang, den die Engel und vielleicht auch andere unzählbare Menschheiten und andere unzählbare Planeten singen. (Es ist möglich, daß sich das Buch Hiob, wenn es von Morgensternen spricht, auf denen die Söhne Gottes jauchzen und frohlocken, auf diese Planeten bezieht.)

Wir warten hier noch in der Dunkelheit der Nacht auf die Ankunft des Bräutigams, wir sehen aber schon ein Licht in der Ferne und hören einen Lobgesang in der Nacht.

Ernesto Cardenal

Das poetische Werk

Band 1:
In der Nacht leuchten die Wörter
Frühe Gedichte, Epigramme, Psalmen.

Band 2:
Die ungewisse Meerenge

Band 3:
Die Farbe des Quetzal
Für die Indianer Amerikas I

Band 4:
Das Buch von der Liebe

Band 5:
Wir sehen schon die Lichter
Gedichte bis 1979

Band 6:
Poesie der Naturvölker

Band 7:
Wolken aus Gold
Für die Indianer Amerikas II

Band 8:
Den Himmel berühren
Gedichte 1979 bis 1985

90-3

Gütersloher Verlagshaus Gerd Mohn

Christentum und Weltreligionen

Kein Weltfrieden ohne Religionsfrieden
Kein Religionsfrieden ohne Dialog zwischen den Religionen
Kein Dialog ohne genaue Kenntnisse voneinander

Hans Küng

GTB 779

GTB 781

GTB 780

88-45

Gütersloher Verlagshaus Gerd Mohn